実践 対話型組織開発

BMI Series in DIALOGIC ORGANIZATION DEVELOPMENT

THE DYNAMICS OF GENERATIVE CHANGE

生成的変革のプロセス

Gervase R. Bushe Ph.D.
ジャーヴィス・R・ブッシュ 著
永石 信 監訳

Discover

THE DYNAMICS OF
GENERATIVE CHANGE
by
Gervase R. Bushe Ph.D.

実践　対話型組織開発［目次］

購入者
限定特典

対話型組織開発の概要

日本版のために著者により用意された
特別付録「対話型組織開発の概要」を下のURL
あるいは二次元コードからダウンロードできます。
ぜひご活用ください。

URL：https://d21.co.jp/formitem/

ID：discover3104
パスワード：taiwa

ＢＭＩシリーズ編者による序文

「対話型組織開発」という用語を初めて使用したのは、２００９年に The Journal of Applied Behavioral Science においてわれわれが発表した論文である。論文ではそれまでに見てきた組織開発の進歩について述べ、「診断型組織開発」と名付けた従来の組織開発手法との違いを明らかにした。われわれは、当時の組織開発の関連書籍が、新たな理論や手法を旧来のモデルに当てはめようとし続けているのは適当でないと感じていた。変化のための新たなアプローチを考え、探求し、開発し、議論する場を創る必要があると考えたのだ。本シリーズは、そうした志や目的を引き継ぐものである。

対話型組織開発とは１つのマインドセットであり（特定の手法を指すものではない）、現在も発展し続けている。それはあらゆる社会科学に影響を与える２つの知的運動に根差している。１つは、私たちの社会的現実は、私たちが話すことによって構成され、維持され、変化するという考えである（ポストモダニズム）。もう１つは、リーダーの指示や計画がなくても社会システムは出現し、自己組織化するという考えである（複雑性）。そのことについてわれわれは、これまでにいくつかの論文や書籍を発表してきた。本書（ならびに本シリーズのすべての書籍）の読者には、われわれのウェブサイト https://b-m-institute.com/ にぜひアクセスしてもらいたい。われわれやその他の著者による著作の多くを無料で閲覧することができる。サイトで紹介している論文や書籍の各章で、対話型組織開発理論の概要や、診断型組織開発との共通点ならびに相違点、さらには対話型組織開発に基づいたリーダーシップ、コンサルティング、変革、すぐれた組織作りについて基本的な考え方を学ぶことができる。

２００５年以来、われわれは主に、対話型組織開発の概念化と解説に時間と労力を傾けてきた。今後は、あらゆる変化の手法やアプローチに応用可能な対話型組織開発の具体的実践の提案に注力していく考えである。本シリーズは対話型組織開発の理論と実践を継続して拡大することを目指しており、各書籍はそれぞれ1つのテーマに焦点を合わせ、簡潔で重要かつ実践的な方法で論考を深めている。ぜひ楽しんで読んでもらいたい。また、新たなテーマの出版希望があればぜひお寄せいただきたい。

対話型組織開発の考え方に出会ってまもない読者には、シリーズのガイドブック

「Companion Booklet to the BMI Series in Dialogic OD」をお勧めしたい。www.b-m-institute.com のサイトで無料でダウンロードが可能である。

ジャーヴィス・R・ブッシュ
ロバート・J・マーシャク

2019年7月

はじめに

この本は、20年ほど前から認識されながらも、これまで明確な呼び名や具体的な説明を与えられずにきた変革のプロセスを紹介する。過去にはさまざまな呼び名で言及されてきたが、多くの場合、必要な構成要素の特定や説明を伴っていなかった。ロバート・J・マーシャクと私は、この変革のプロセスを「生成的変革モデル」と呼んでいる（Marshak & Bushe, 2018）。この変革プロセスは、さまざまな対話型組織開発やラージグループ介入の手法の基底をなしつつも、そうした手法がうまく機能している限りは、注目や言及を集めることがない。しかしひとたびそのことに気づいて理解を深めると、このプロセスが従来の「計画的変革モデル」に内在する数々の課題をいかに解決するかがわかってくる。生成的変革モデルは複雑性に対処し、変革を起こすために変化する必要がある人々の集合知やモチベーションに働きかけて、速やかに転換的変革を生み出す。

本書を執筆した目的は、以下の通りである。

- 経験の浅い組織開発実践者を念頭に、転換的変革を生み出す構造的な対話型組織開発プロセスで起きるべきことがらについて解説する。
- 経験豊富な組織開発実践者による対話型組織開発の計画と活用の強化を支援する。

ここではまず最も支配的で広く利用されている計画的変革モデルについて概説し、生成的変革モデルとの違いを明らかにしたい。続く次章からは、具体的な事例に基づいて説明を進めていく。文中の固有名詞や内容は、組織名の特定を避け、ストーリーを単純化するために変更している部分もあるが、内容のほとんどは事実に即している。特に適応課題、生成的イメージ、エンゲージメント・イベントの計画、その成果ならびに成果が得られた時系列は、実際の生成的変革の努力を忠実に再現したものである。

それぞれの章では、コンソリデーティッド・コンストラクション社のマテリアル・サプライグループを事例として取り上げ、生成的変革モデルのプロセスについて順を追って説明していく。まず各章の冒頭で同社の実例を紹介し、次に生成的変革モデルをうまく取り入れるための課題を明らかにする。章の最後では、生成的変革に向けて留意すべき点をまとめたチェックリストを紹介する。

支配的な計画的変革モデル

気づいている読者もいると思うが、本書のタイトルは影響力の強い名著 The Dynamics of Planned Change（Lippitt, Watson and Westly, 1958）（『変革のダイナミックス』R・リピット、J・ワトソン、B・ウェストレー著、伊吹山太郎訳、ダイヤモンド社、１９７０年）に敬意を表したものになっている。この本で紹介された変革プロセスは、本質的には今も変わらず多くの経営者やコンサルタントが組織を変革するために使用され続けている。図1は、その一般的なアプローチをまとめたものである。

計画的変革モデルは、解決したい問題を明確にすることからスタートする。専門家や時には従業員を交えてデータを収集し、分析を行い問題を多面的に理解する。彼らが問題の解決策を提案する場合もあるが、計画的変革の観点からすると、リーダーが変革後の理想的なチームや部署、組織についての明確なビジョンを提示あるいは承認しなければ成功しない。つまり、リーダーが「これが正解だ。ついて来い」と言う必要がある。続く計画の策定段階でも同じように目標を明示する。変革の実行を目的として実行チームが結成される。より計画が行き届いた改革の例では、フィードバックのプロセスを設けて変革や実行

図1｜計画的変革モデル

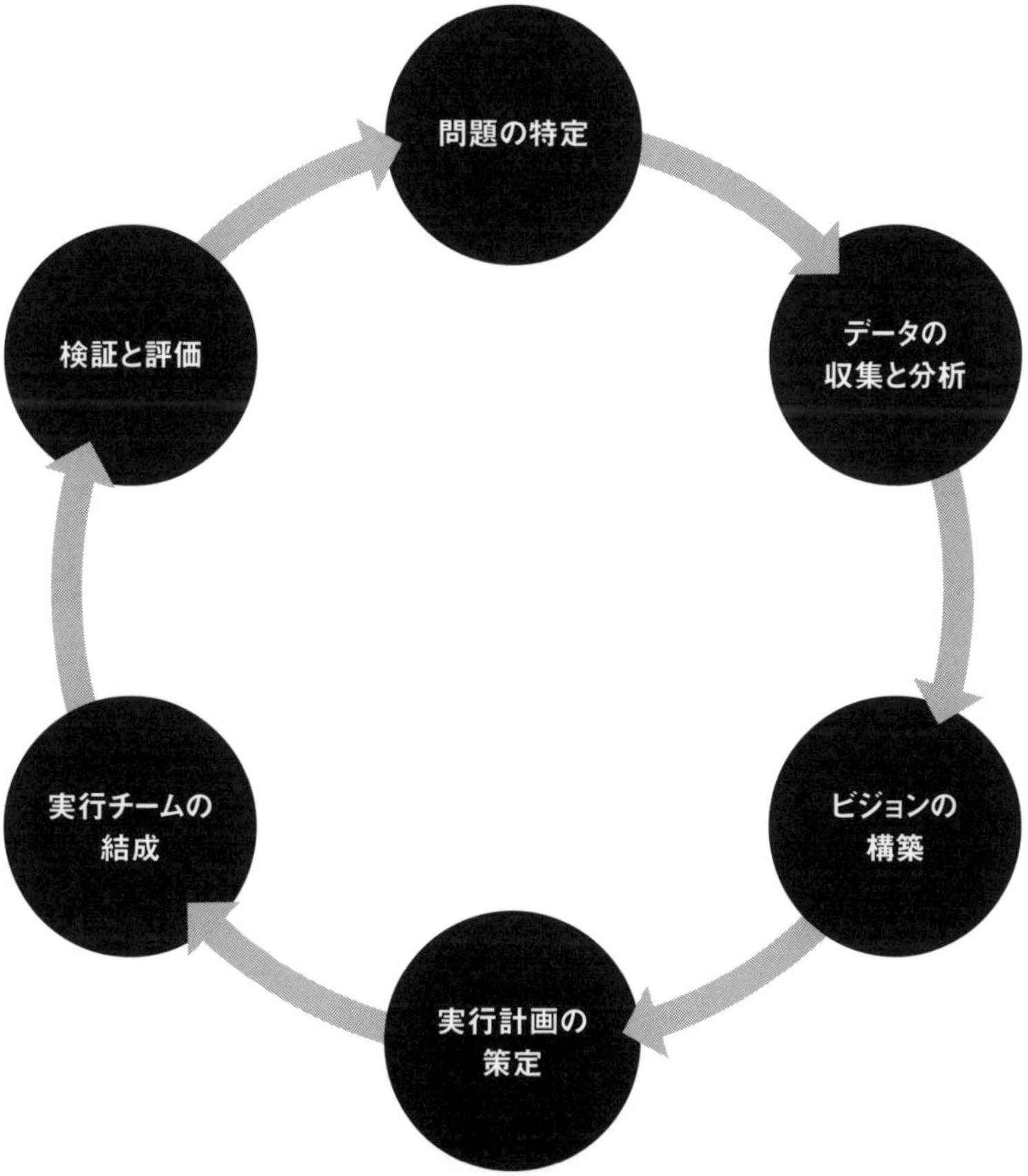

プロセスの問題点を把握し、進捗状況に応じて解決策を提示する。この30年間で組織変革の研究は進歩し、変革のさまざまな側面から問題の特定、従業員とのコミュニケーション、従業員研修のプロセスを複合的に発展させてきた。相互依存の関係性や、組織内の文化的問題、組織全体の文化的多様性にも考慮がなされている。暗黙の認識として、問題に対する解決策（ビジョン）が考え抜かれたものであり、各自がどう変わるべきかを特定でき、それを各自に明確に伝えることができるなら、実行段階で問題が生じる原因は、従業員の意欲不足や指示の実行に必要なスキルの欠如だけだとされている。

しかし残念ながら、組織における計画的変革は失敗することが多い。少なくとも想定どおりには進まない。成功率に関する数々の研究によると、約75%が失敗に終わっている（Eaton, 2010; Towers Watson, 2013 など）。なぜ計画的変革はそんなに成功率が低いのだろうか？

主な原因として次が挙げられている。

- 複雑で多面的かつ流動的な問題に対し、1人またはごく少人数で解決策を見出さなければならない。
- 日々の業務に関わっていない専門家が計画を策定するため、現場で機能しなかったり、新たな問題を生じたりする。

- 高額な費用を支払ってコンサルティング会社に組織の再構築を依頼しても、部分的な解決に留まり、結果的に問題が増える。
- 変革への抵抗を少なくするためにさまざまな関係者（ステークホルダー）の代表を計画に関与させるも、うまく機能しない。
- すべてのデータを収集・分析し、提案を受けて意思決定を行ったときには、すでに状況が変化している。
- 問題の定義から解決策の議論に至るまで、あらゆるプロセスが合理性より政治的な判断に基づいて行われる。
- 現場の従業員を問題解決策の提案に積極的に関与させようとしても実態が伴わず、冷笑的態度やモチベーションの低下に陥ってしまう。
- 多くの経験から、組織を真に変容させるにはこれをいったん廃止し、人材を新たに選抜・採用し、組織を新設するなどして一からスタートするしかないといった考えにとらわれる。

これらに加え、ほとんどの組織の問題は非常に複雑なため、計画的変革モデルでは対処できないということが根本的な要因として存在していると言えるだろう。近年、組織研究の新たなテーマになっているのが、困難な（complicated）問題と複雑な（complex）問題の違いである。困難な問題とは、合理的かつ工学的な手法で理解することが可能で、問題解決につながる見込みのある答えを見出すことができるものを指す。一方、複雑な問題とは、可変的な要素がきわめて多く、しかも互いに依存し合う関係にあって不確実な部分が大きいため、一連の意思決定や行動がもたらす結果がどのようなものになるのか確実に予測したりデザインしたりすることができない問題を指す。

困難な問題の場合、主流たる「テクニカル」な経営のマインドセットが多くの成功実績を有している。このマインドセットにおいては、組織は抽象的な概念として捉えられ、さまざまなプロセスや人員をデザインの対象と見なし、一定の環境下で製品やサービスを作り出すよう構築しようとする。つまり人員は「人的資源」あるいは「人材」であり、組織は再編や再設計、拡大や縮小、外注などが可能なパーツによって構成される。成功する組織に求められるのは、正しいビジョンを持つ賢明かつ勇敢なリーダーであり、メンバーを正しい行動に導くことができる合理的な意思決定を行う経営陣の存在である。そうしたリーダーたちによる選択や判断、戦略に、汎用性の高いツールやテクニック（ベストプラクティス）を取り入れることによって組織としての成果が生まれる。不確実性と不透明性を認識しながらも、あたかも組織としての成果が予測可能であるかのように人々は行動し、また他者の行動を促すのだ。

だが、こうしたテクニカルなマインドセットは、多くの組織の変革のシナリオに随伴する不安定で不確実、かつ複雑で不透明な状況にはあまり有効ではない。イギリスのハートフォードシャー大学のラルフ・ステイシー教授の研究グループは、長年にわたり次のように説得力のある主張を展開してきた。すなわち、何百人ものスタッフが関わる集合的な取り組みの場合、そこで起こることの複雑さに、テクニカルなマインドセットをもってしては対処できないのである。生成的変革を理解して取り扱うためには、ステイシーらが言う「関わりの複雑反応プロセス」(Stacey, 2001; 2015) の視点を取り入れる必要があるだろう。複雑反応プロセスの理論では、組織はさまざまな当事者によりさまざまな場所と時に行われる会話の流れによって捉えられ、そこで起こる出来事は、主として誰が、誰と、何を、いつ、どのように話すかに影響される。それぞれの当事者が独立しているわけではなく、組織におけるあらゆる当事者が、序列に関係なく互いに強く依存し合い、他者からの制約や支援を受けている。リーダーは他者の思考や感情、願望を制御できるものではなく、どのようなビジョンを持っていても、しばしば組織への影響力は小さいと感じる場合がある。純粋に合理的と呼ぶにはほど遠く、組織で起こることの多くは感情によって突き動かされている。ここでいう感情とは、例えば恐怖や不安だが、希望やインスピレーション、プライドといったものも含まれる。現場で起こることは組織ごとにきわめて特異なため、多くの場合、汎用性の高いツールやテクニックの価値は限定的だ。つまるところ予想どおりになることもあれば、ならないこともあるが、いずれにせよ個人の思考や感情、願望、そして行動をマネジャーが制御することはほとんど不可能である。

表1は、テクニカルなマインドセットと複雑反応型のマインドセットを比較したものである。両者のうちどちらか一方が「正しい」わけではない。言うなればどちらも正しいが、同じ事象に対する物事の捉え方が異なるため、リーダーシップや組織、組織変革といったことがらについて両者は全く異なる前提をもたらす。パフォーマンスにすぐれた組織には、おそらく両方のマインドセットが必要であろう。生成的変革モデルと一貫性があるのは複雑反応型のマインドセットである。

生成的変革モデル

複雑な問題に対するリーダーの対処を論じた諸文献では、基本的に2つの対処法を挙げている。1つは、複雑な（complex）問題の複雑度を、困難な（complicated）レベルまで引き下げることにより、データに基づく合理的な問題解決手法を適用しようとするものである。

表1｜テクニカルなマインドセットと複雑反応型のマインドセット

テクニカルなマインドセット	複雑反応型マインドセット
組織を抽象的な概念として理解する。組織とはシステムであり、移動可能な「もの」やパーツであり、非個人的・環境的・技術的な力に影響を受ける。	組織を会話として理解する。そこで起きる出来事は、誰が、誰と、何を、いつ、どのように話すかに影響を受ける。
独立した自律的で合理的な個人の選択・行動に着目する。	人々の相互依存に着目する。人は互いに制約や支援を受ける存在で、相手の同意を得ずに物事をうまく運ぶことができない。
賢明で勇敢なリーダーのビジョンや洞察力が組織を成功へ導くと考える。	他者の選択や行動を制御することは難しく、リーダーは往々にして組織への影響力の弱さを感じるものと理解する。
ビッグデータや自動化が進む意思決定プロセスを活用した、合理的かつ分析的な意思決定を求める。	人は決して理性的な存在ではなく、むしろ感情的で、組織生活による不安から無意識に影響を受けている。
組織づくりやリーダーシップのための汎用性の高いツールやテクニックが組織を改善すると考える。	組織の状況は不確実であり、現場の偶発的な出来事に大きく影響を受けるため、汎用的なツールの価値は限定的である。
成果はリーダーやチームの選択、意志、戦略によってもたらされる。	成果はあらゆるステークホルダーの選択、意志、戦略の相互作用から生まれる。想定通りの場合もあれば、想定外の場合もある。
不確実で不透明な状況を認識しつつも、物事が確実かつ予測可能で、大規模組織をコントロールできるかのように行動し、また他者の行動を促す。	意外な場合もあれば、そうでない場合もあるが、いずれにせよ他者をコントロールすることはほぼ不可能であり、次の行動を確実に予測することもできない。

出典：R. Stacy, 2015より引用

もう1つは、小規模な実験的取り組みを行って効果を検証することで複雑な問題に対処しようとするものである。生成的変革モデルは後者の方法に基づく。

生成的変革モデルでは、複雑な問題においては何がどのような結果をもたらすのか、事後になってからでないと理解できないと考える。そのため、適切な対処法を見つけ出すには失敗しても問題のない小規模な実験を行い、その結果を検証する。本書ではそうした実験を、デビッド・スノーデンの用語を使って「探索」(probe)と呼ぶことにする(Snowden & Boone, 2007)。コリンズとハンソンはこのプロセスを「小銃から大砲へ」と表現している(Collins & Hanson, 2011)。つまり賢明な人材であれば状況を左右するあらゆる要素の配列を事前に予測できる(ビジョンを持てる)と考えるのではなく、そもそも何が成功するかは予測不能だと考える。そしてできるだけ多くの検証を行い、そこから学習する。成功したものに関しては規模を拡大していく。こうした実証作業については、探索のほかにも実験、パイロットプロジェクト、試作などさまざまな呼び方があるが、基本的には何かに的中するまで小銃を打ち続け、その結果を受けて大砲に移行するという方法であることに変わりない。

生成的変革モデルでは、変化が必要な人材(ステークホルダー)に会話に参加してもらい、みずから主体的に取り組めそうな新たなアイデア(探索プロジェクト)を引き出すことを目的

図2｜生成的変革モデル

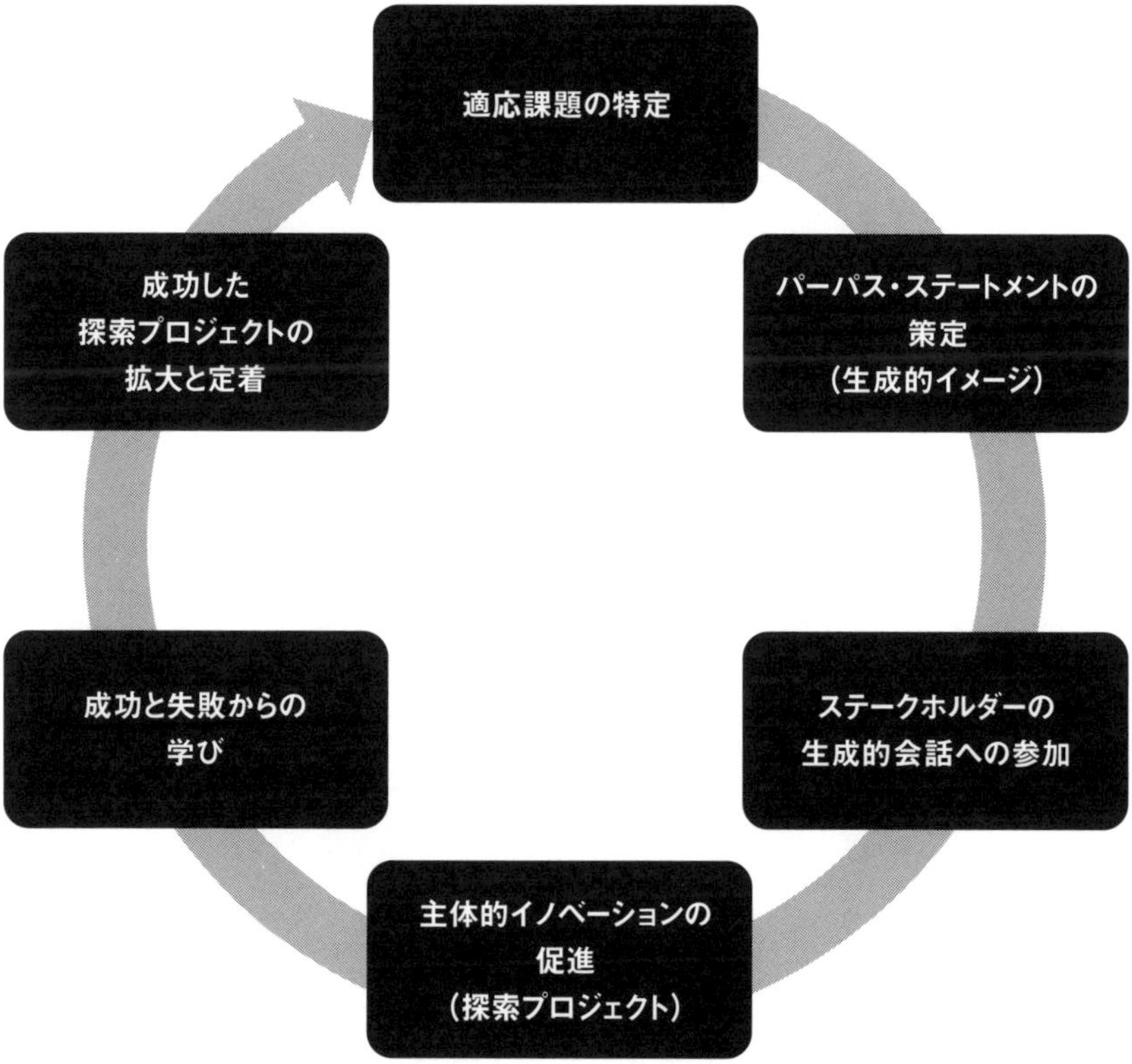
適応課題の特定
パーパス・ステートメントの策定（生成的イメージ）
ステークホルダーの生成的会話への参加
主体的イノベーションの促進（探索プロジェクト）
成功と失敗からの学び
成功した探索プロジェクトの拡大と定着

として必要な手順を明らかにする。参加者の主体的行動を後押ししながら、リーダーはうまく機能する取り組みとそうでないものを判断する。うまく機能したアイデアやイノベーションは規模を拡大して導入する。

さらに重要なのは、生成的変革プロセスが、適応力や俊敏性にすぐれた組織を作り出すという点である。より複雑な問題にも対処しやすくなり、計画的変革モデルに慣れ親しんだ人々が想定する以上の変革を、より迅速に進められるようになる。図2に示すように、生成的変革モデルのプロセスは、まずリーダーが時間と労力と資源を投じて積極的に対処したいと考える適応課題を特定することからスタートする。「対処する」という表現を使っているのは、そうした課題は決して「解決」されるものではないからである。多大な時間と資源を投じていわゆる「ビジョン」を策定しても、往々にして役に立たないのもそれが主な理由だ。次の第1章では、そのことを詳細に説明する。

第2章では、先に述べた適応課題に対処する上で変化する必要があるさまざまなステークホルダーを念頭に、こうした課題を彼らに伝えるよう、未来志向のパーパス・ステートメントとして捉えなおす必要について解説する。また、パーパスとビジョンの違いについて説明し、最も強力なパーパス・ステートメントとなる「生成的イメージ」について取り上げ、その構築方法をアドバイスする。

強力なパーパス・ステートメントが定まれば、リーダーは関係者《ステークホルダー》（文字どおり課題に関係するすべての人々）を集めて「生成的会話」に参加してもらう。生成的会話とはすなわち当事者みずからが行動したいと考えるような新たなアイデアを生み出す会話を指す。第3章では、生成的変革プロセスの推進力となる「エンゲージメント・イベント」のデザイン段階で考慮すべきポイントを考える。たとえば、関係者に自主的に少人数のチームに分かれてもらい、エンゲージメント・イベントから「探索プロジェクト」の派生を促すといった方法を紹介する。

第4章では、探索を進めるプロセスに注目し、成功と失敗からの学びを確実にし、適応力のある俊敏な組織文化を構築するためには何が必要なのかを考えたい。続く第5章では、成功事例を本格的に導入し、真に組織が生まれ変わることによって、どれだけの変革が可能なのかを検証する。最後に、紹介事例では見られなかった生成的変革プロセスに生じる可能性のある問題について簡単に説明したい。

第1章

Identify

適応課題を特定する

対話型組織開発に関するコンサルティングを行うにあたっては、まずディープリスニング（Marshak, 2020）を実践し、キープレイヤーたちの間で交わされる会話の流れを把握する必要がある。彼らが自分たちの課題をどのように捉え、どのような希望や不安を抱き、どのような問題が障害となっているか理解に努める。結果として元の「表面上の問題」とは別の問題が障害となっていることも多い。

最初に取り上げるのは、コンソリデーティッド・コンストラクション社のマテリアル・サプライグループの責任者であるチャーリー・ボイドが、組織開発コンサルタントのロビンにかけてきた電話の内容である。

コンソリデーティッド・コンストラクション社マテリアル・サプライグループ（CCMS）

「私は3年前、地域の倉庫を担当するマネジャーとして入社し、3カ月前にマテリアル・サプライ業務の責任者に昇格しました。そこでは多くの問題を抱えており、日常業務に深刻な影響が生じています。問題を解決するためには、組織内の他部署との連携強化が不可欠だと考えています。数年前、組織内の連携に関するあなたの講演が大変有益だったので、問題解決に力を貸してもらえないかと思いました」

これは、チャーリー・ボイドが、最初にかけてきた電話の一部である。創業50余年の同社は、太平洋岸北西部を拠点とする住宅と商業施設の大手建設会社である。チャーリーは、地元の組織開発コンサルタントであるロビン・ボーディに連絡し、マテリアル・サプライグループの組織変革について支援を求めた。その週の後半、2人は中央倉庫近くにあるチャーリーのオフィスで会い、チャーリーは組織には問題が山積しているが、何から手をつけたらいいかわからずにいると説明した。約3年前、コンソリデーティッド・コンストラクション社は世界的な大手コンサルティング会社と契約し、サプライチェーン全体に関する戦略の策定と組織の構築を依頼した。マテリアル・サプライグループは、そのサプライチェーンの一部である。チャーリーによると、そのコンサルティング会社は、成功している大手建設会社の戦略や組織をそのままコンソリデーティッド・コンストラクション社に転用し、同社の特性にあわせた調整をまったく行わなかった。その後の3年間で、提案された取り組みのうち実際に導入できたのは約40%に留まった。結果として組織内にはうまく連携していない業務プロセスが数多く存在し、ITシステムも旧式のものとなり、サプライ領域の責任者も明確ではなく、建設担当者による資材の受発注にも問題を生じていた。組織全体の士気も大幅に低下してしまった。

マテリアル・サプライグループ（CCMS）には約200名の従業員が在籍し、関連する3つのセクションがあるものの、業務上の連携は少ない（図3参照）。原因は、前任の責任者の階層重視のリーダーシップにあり、さまざまな業務を担当するマネジャーたちが連携してチームワークを高めようという環境にならなかったためだとチャーリーは説明した。

グループ内の3つのセクションとは、社内で向こう6〜12カ月間に必要となる資材を推計し、調達費用を最低限に抑えながら欠品を出さないよう管理する「発注・スケジュール管理セクション」、コンソリデーティッド・コンストラクション社が購入した釘や木材、溶鉱炉、工具、電気部品といった資材のほとんどを最初に受け入れ、検収・保管する「中央倉庫」、そしてより小規模な物流ポイントとなる「地域倉庫」である。地域倉庫から毎週発注を受ける中央倉庫は、できるだけ正確かつ経済的に梱包と発送を行わなければならない。また、地域倉庫は、コンソリデーティッド・コンストラクション社の営業地域である4つの州にある数多くの小さなコミュニティーに点在し、建設作業員が資材の多くを調達する拠点になっている。

チャーリー「当社は、極めて階層意識の強い組織であり、トップダウンのマネジメントス

図3｜CCMSの組織図

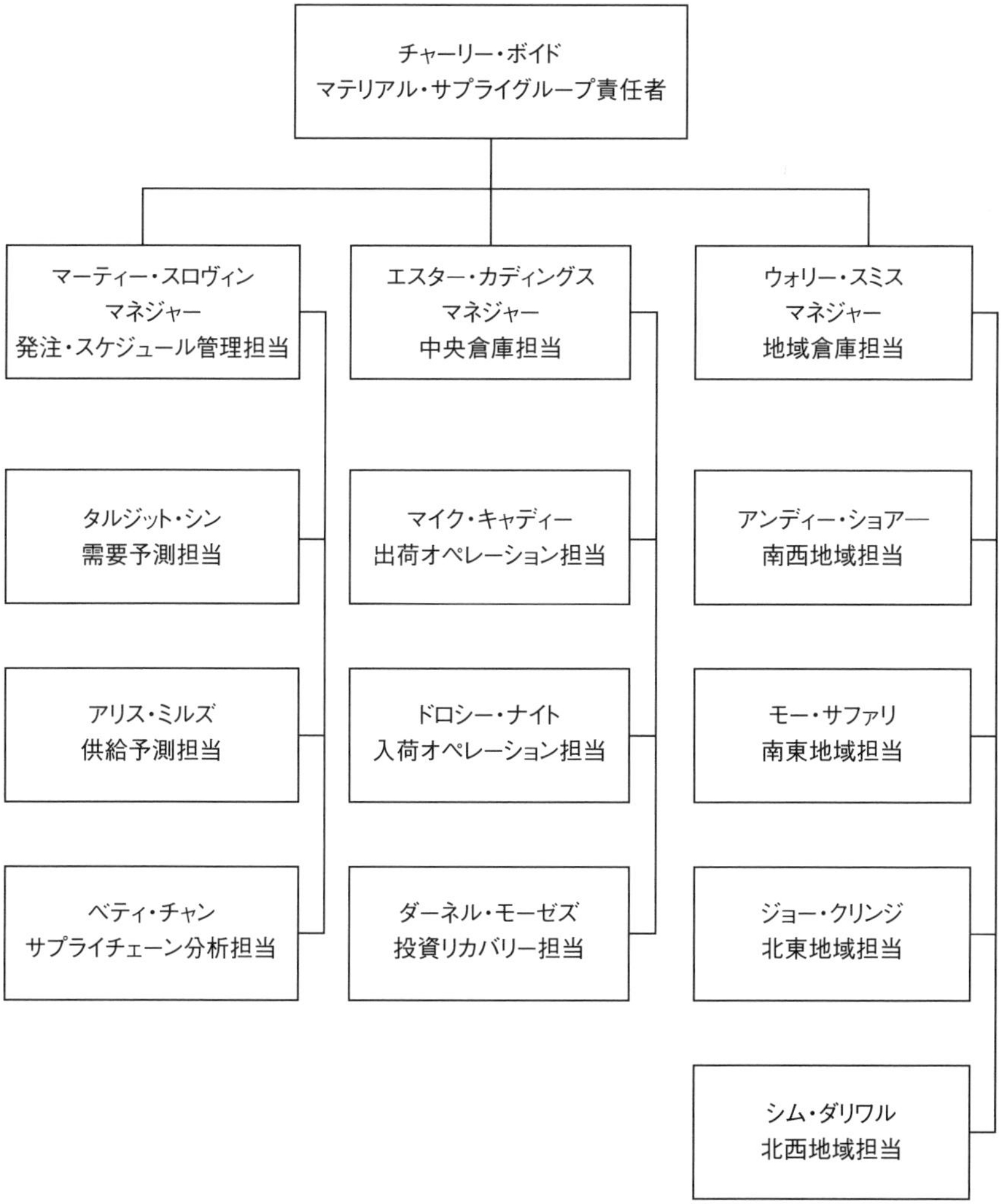
チャーリー・ボイド
マテリアル・サプライグループ責任者
マーティー・スロヴィン
マネジャー
発注・スケジュール管理担当
エスター・カディングス
マネジャー
中央倉庫担当
ウォリー・スミス
マネジャー
地域倉庫担当
タルジット・シン
需要予測担当
アリス・ミルズ
供給予測担当
ベティ・チャン
サプライチェーン分析担当
マイク・キャディー
出荷オペレーション担当
ドロシー・ナイト
入荷オペレーション担当
ダーネル・モーゼズ
投資リカバリー担当
アンディー・ショアー
南西地域担当
モー・サファリ
南東地域担当
ジョー・クリンジ
北東地域担当
シム・ダリワル
北西地域担当

タイルに慣れてしまっています。幹部社員の大半は技術者であるため、組織変革においては専門家が変革案を策定し、マネジャーに実行を指示しなければなりません。ところが、スタッフは労働組合を結成し、勤続年数も長いので、彼らに納得してもらえなければ変革を指示するのは容易ではありません。サプライチェーンの再構築が典型事例です。さまざまな変革プログラムに取り組んできましたが、現場スタッフは気乗りしなければ変革に取り組もうとしない。つまり、組織全体に一定の冷ややかな雰囲気があふれています」

ロビン「どのような状況を目指すべきだとお考えでしょうか？」

チャーリー「3つのセクションが連携しなければ、組織改革はできないと思っています。現在、各部署のマネジャーを集めて月1回のミーティングを開催しており、互いに打ち解けて信頼感も高まっていると感じています。前任の責任者は、そうした会議も開催しませんでしたが、今では出席者が自由に話をするようになり、組織の改善にも関心があるようです」

ロビン「下の階層の人たちはどうですか？」

チャーリー「スーパーバイザーやその部下、その他のスタッフですか？　まだ警戒心が強く、控えめな態度です。連携や協力関係を強めるためには何をすべきでしょうか？」

ロビン「私が推奨する手法は、対話型組織開発と呼ばれるものです。ボトムアップの変革アプローチです。連携強化について議論してばかりいても成果にはつながりません。スタッフが実際に主体的に連携できるような機会を探る必要があります。そのためには、スタッフが本当に関心を持っている問題を1つあるいは複数見つけ出し、うまくデザインされた会話を互いに交わさなければなりません。原則として業務の変化を求められるスタッフには会話に参加してもらう必要があります。会話では、参加者が実際に取り組みたいと思うような変革を提案できるようにサポートします。うまくいきそうにない提案もあるでしょう。しかし問題ありません。重要なのは、ボトムアップの行動を後押しし、行動しながら学ぶことです」

チャーリー「（目を輝かせながら）当社の組織文化とは正反対ですが、まさに私が目指している手法であり、まもなく終了するＭＢＡコースでも学んでいる内容です。まずは、次回のマネジャー会議に、ぜひお越しください」

第1回マネジャー会議

チャーリーがロビンをマネジャーたちに紹介する。ロビンは「なぜ私たちはここにいるのでしょうか?」と口火を切った後、約1時間のグループディスカッションの間、グループの話に終始じっと耳を傾けていた。まずマーティーが指摘したのは、建設作業員がルールどおりに資材を発注してくれず、多くのスタッフがさまざまな面で苦労しているという問題である。

マーティー「作業員が地域倉庫にやってきて、目の前にある資材のなかから必要だと思うものを要求するとしましょう。彼らはルールを守って発注しないので、現場のスタッフ(地域倉庫で働く組合員)が彼らに資材を渡してしまうと、すでに発注していた別の作業員が泣きをみることになります。かといって現場にやってきた作業員の要求を断れば、その作業員が上司に連絡し、その上司がまた誰かに連絡して、結局倉庫スタッフが上司に怒鳴られることもあります。そのため目の前の作業員に要望どおりの資材を渡してしまいます。その結果、倉庫スタッフは作業員の言いなりに資材を渡すようになり、慌ててその埋め合わせをすることになります」

エスター「中央倉庫では、地域倉庫スタッフから資材を至急出荷してほしいといった連絡を受けたスタッフがルールを守ってほしいと言うでしょう。そうなると地域倉庫スタッフは別の担当者に連絡し、要求に応じてくれる担当者が見つかるまでそれを繰り返します」

マーティー「資材の発注と出荷にはルールがありますが、まったく守られていません。ルールの遵守を徹底できれば、問題の90％は解決するはずです」

ウォリー「ルールの変更が多く、誰がルールについて決定権を持っているのか、誰もわかっていないことも問題の一つです。また、マテリアル・サプライグループが資材の動きを計画的に管理しなければならないのか、それとも建設部門の指示に従うだけでよいのかもはっきりしません。私たちのグループが資材管理の責任を拒否すると、会社からは責任を持てと言われます。ところが何か問題が起こると、副社長クラスの人たちが出てきて倉庫担当者をつかまえては資材を出荷しろと要求するのです」

しばらく不満に耳を傾けていたロビンが、ここで発言する。

ロビン「みなさんは整備の行き届いた機械を管理するように、スムーズに資材を管理したいと考えていると思います。けれども資材の需要は複雑で変動しやすいため、おそらくそれは難しいでしょう。在庫管理を標準化するにはあまりに複雑かつ可変的な状況と言えます」

エスター「もっと臨機応変に、顧客の立場を考えた対応をすべきということでしょうか?」

全員が黙り込むと、マーティーが発言を始めた。

マーティー「標準化することで業務をスムーズにする方法は数多くあります」

チャーリー「私も簡単に業務を標準化できないことが、スタッフを悩ませている元凶だと思います。今日なんとか怒鳴られなければ成功という状況になってしまっています。そのためスタッフの意欲は低下し、どうでもよくなっているのです」

ロビン「そうですか。組織変革の基本原理として、標準化を進めたいのであれば、主要業務の不確実性を改善しなければなりません[1]。倉庫で想定外の発注をする作業員や、発注

[1] Thompson, J.(1967) Organizations in Action. NY: McGraw-Hill (『行為する組織』J・D・トンプソン著、大月博司、廣田俊郎訳、同文館出版、2012年)

ルールを守らない人たちのほかに、予想外の対処を余儀なくされる原因はありますか?」

マネジャーたちが議論している間に、ロビンはひそかに次のようなメモを残していた。

外部要因

- サプライチェーンの再編が不完全なため、責任の所在が曖昧な業務領域がある。
- 倉庫に届けられる在庫資材のサイズが統一されておらず、到着する時間も予測できない。
- 取引先との契約に関するマテリアル・サプライグループの役割が不明確である。
- 一部の資材に関しては、社内の別のグループが購入を決定し、取引業者との契約を行っているため、取引先の行動を管理できない。
- 建設作業員や委託業者の資材発注方法が統一されていない。
- コンソリデーティッド・コンストラクション社の資材方針を理解していない建築家が、適正でない資材を使用する、あるいは適正でない資材を適正でない場所やタイミングで使用する建築プランを作成する。
- 建設作業員や委託業者が、一度指定した資材の調達期日を変更する。

- 建設作業員や委託業者が、マテリアル・サプライグループ内の複数の部署に対して資材調達やサービスの要請を行うので、組織内の責任領域に混乱が生じている。

内部要因

- 発注の注文期日までに調達できない。
- 資材の在庫が不正確、あるいは表示が間違っている。
- 資材の運送伝票が不正確である。
- ユーザーの要求に対する対応が、スタッフによって異なる。
- 意思決定に関する権限や責任の所在が部門間で曖昧なところがある。
- 地域倉庫の現在の代理責任者の人数。
- ITシステムが一部の発注、欠品、取り寄せについて異なる処理を行うため、倉庫スタッフが大混乱している。
- 倉庫スタッフによって調達戦略が異なり、「制度を巧みに利用している」。

約1時間のミーティングによって、マーティーは明らかに意欲的になっていた。

マーティー「想定どおりに業務が進むこともあります。正確なデータは把握していませんが、おそらく40〜60%です。もちろん予想できない要望も一定の割合であり、この状況は今後も変わらないでしょう。でも、それほど多くないはずです。正しい発注ルールを決めて、そのルールを守ってもらえれば、きっと90%の業務は想定どおりに進みます」

ロビン「これまではどうでしたか?」

その言葉に全員が苦笑いし、首を横に振っている。あまりうまく機能していなかった証拠である。

ロビン「建設作業員のように、ルールを守らなければならない人たちをミーティングに加えていましたか?」

エスター「建設部門の幹部にルール作りに参加してもらって、納得してもらっても、翌週になればルールを曲げて、必要な資材を出荷するように倉庫スタッフを叱責するような状況でした」

ロビン「建設部門のマネジャーが、資材の在庫切れのせいでスタッフが手持ち無沙汰になってしまうのを避けたいのは当然だと思います。私の勘では、おそらくCCMSのスタッフが、ルールを守るように求めずに資材の調達にあっさり応じているのでしょう」

エスター「そのとおりです。でも現状では、ほとんど制御不能でどうすればよいのかわかりません。このミーティングの前にも、マイクが倉庫にはスラグボルトの在庫がないので、ベリンガム地区からの注文に対応できないと言ってきました。ところが在庫システム上は、4カ月分の在庫はあることになっているのです」

マーティー「それは倉庫スタッフが資材を押さえているからです」

チャーリー「そうかもしれません。でも、スタッフにも理由があるはずです。そうですよね、ウォリー?」

マネジャーたちは、その後約15分間にわたって、3つのセクションでの「ルール破り」について話し続け、その理由は(a)業務を終わらせるため、(b)ほかのセクションを信用していないためと結論づけた。

そこから話題は、どのような部分に注力すべきかというテーマに移った。そのタイミングでロビンは、答えを出すべき核となる問いを設定すべきだとアドバイスした。その上で、めいめいがそれぞれの方法でそれに取り組めばよい。参加者はしばらく議論していたが、マーティーが中心となり**「想定外の対応を減らし、明確化と合意を実現し、業務の90%を計画やルールに沿って進められるようにするにはどうしたらよいか」**というテーマを設定した。

ロビンは、これまでとは異なるやり方を試行するにあたって、マネジャーたちにどこまでの裁量があるのかに興味を持った。チャーリーの上司は、彼に対してどのような期待をするだろうか？　実際のところ、チャーリーの上司は部下に任せるタイプの人物で、彼らが想定する上司からの要求事項は、人員を増やさず、建設作業員を満足させることだけであった。

ミーティングの終了予定時刻が近づくと、ロビンは、対話型組織開発に必要なのは、組織変革で影響を受けそうなすべての人々（ステークホルダー）を新たな会話に参加させ、行動案を作り上げることだと説明した。変革を行うべきはステークホルダーであり、そのためにリーダーは変革プロセスを導きながら、彼らに問題解決策を提案させ、探索を行い、その結果何が効果的なのかを見極めさせる必要がある。リーダーたちからは一定の賛同が得られたが、コンソリデーティッド・コンストラクション社にはなじまない手法かもしれないという不安を抱いていることもロビンは察知していた。

ロビンのアドバイスに従って、マネジャーたちは次回のミーティングのテーマを次のように決めた。

1. 変革を成功させるためには、誰が変わる必要があるか？ 場合によっては部外や社外も含め、どういった人員が問題解決策の提案に参加する必要があるか？
2. CCMSの課題、組織文化、スタッフ、また状況に応じた機会や制約をふまえて、どういった変革プロセスが最も成功しやすいか？

もう1つロビンがマネジャーたちに求めたのは、核となる問いの内容を、スタッフにとって説得力のある言葉に置き換えることだった。つまり、「スタッフが何としてでも会話に参加したい」と思うような問いに言い換えることである。

次回のミーティングは2週間後、半日をかけて行うことになった。オフィスに戻ったロビンは、ミーティングの内容をまとめてチャーリーに送信し、抜けている内容がないかどうか確認してもらった。その内容をチャーリーはミーティング参加者に送信し、同様に内容の確認を求めた。それに対して誰からも異論はなく、数人のマネジャーはチャーリーにロビンが理解してくれているようだというコメントを送ってきた。こうしたプロセスは、その後のミーティングでも続けられた。

ここでいったんケーススタディを中断して——

対話型組織開発[2]の開始プロセス

対話型組織開発のコンサルティングでは、長年続いてきた会話の流れに加わっていくことになる。そこでまず必要なのは（信頼関係の構築に加えて）、彼らの会話を深く理解することだ。彼らが組織の現状をどのように理解し、問題点、ビジネスチャンスをどのように把握し[3]ているか。またさらに重要なポイントとして、何に関心を持っているのかを理解するのである。そのためには、自分とスタッフではなく、スタッフ同士の会話を促すような質

[2] 対話型組織開発理論の入門については、b-m-institute.comが提供する無料ガイドブックを参照されたい。
[3] 会話を深く理解する「ディープリスニング」の手法については、本シリーズのロバート・J・マーシャク著Dialogic Process Consultingを参照。

問を投げかける必要がある。一般的なコンサルティングは、ミーティングをリードし、そのグループに問題を明らかにさせるよう促すものだ。しかし、会話の中心にコンサルタントがいると、議論の内容が抽象的になり、形式的な意見が多くなりがちだ。コンサルタントがプロジェクトマネジャーのようにふるまうと、現在どのような状況で、今後どのようにクライアントと業務を進めるかといった性急な話になるばかりで、グループがみずからの社会的現実をいかに構築しているかに目が向けられることはほとんどない。

先に紹介したミーティングの事例では、出席者はロビンにほとんど話しかけずに、マネジャー同士で議論している。ロビンは、時々質問を投げかけ意見を述べるが、基本的に聞き役に徹している。これは質問の一つの重要な型であり、「診断」とは異なるものである。対話型組織開発のコンサルタントは、導入の質問（事例では「なぜ私たちはここにいるのでしょうか?」という問いかけ）以外には、あらかじめ質問を用意していない。コンサルタントは既定のモデルでクライアントを評価したりせず、組織や組織化、変革に関する豊富な理論的知識に基づいて、出席者の会話から情報を得ようとする。言うなれば、これは開始と探りのプロセスである。コンサルタントは組織に入り込むことで、そこで起きていることを理解し、障害をもたらしている可能性がある問題について、当事者がどのように把握し、議論するかに注意を傾ける。白熱する議論や、そのきっかけについても関心を持つが、決して何が問題かといった自身の考えは語らない。そして、ミーティングに参加しているメンバー同士が、テーマを絞り込まずに、さまざまな問題や課題について議論できるようにサポートする。

一般的なコンサルタントにくらべて発言や指示が少ないので、出席メンバーはおのずとコンサルタントの考えに関心を持つようになる。自分たちが力不足なのではないかというひけ目から、コンサルタントが自分たちを評価しているのではないかと想像することも少なくない。そうした状況を避けるため、ロビンはミーティングの記録をとり、そこに自分の考えを記している。巻末にロビンのミーティングメモを掲載しているので、そちらを参照してもらいたい。

スポンサーの関心事は？

組織変革プロジェクトの支援を依頼される際、プロジェクトを主唱する権力や権限のない人から、そうした依頼を受けることも珍しくない。つまり組織変革を推進する立場にあるが、変化してもらいたい人たちに対する権限を持たない人々である。いわゆるチェンジ・エージェントである。こうした場合に最初にしなければならないのは、チェンジ・エージェントとともに必要なスポンサーに会い、その参加を働きかけることである（スポンサーについては、第5章で詳しく説明する）。変革の成功に向けた重要な取り組みには、業務や資源に関する権限を有する人物のサポートが不可欠である。そのためCCMSの事例では、ロビンはチャーリーの上司が変革プロジェクトに関与する必要がないか、業務プロセスやルール上の変更において組織内の他部署が障害になる可能性がないかをたずね、チャーリーが変革の権限を持つスポンサーであることを確認している。

スポンサーが積極的に必要な労力を投じようとする適応課題を見極めるためには、彼らが何を改善したいのか、またスポンサー自身や部下にとって望ましい将来像をどのように描いているのかを理解する必要がある。また、変革を持続可能なものにするためには、それを組織にとって重要な成果につなげなければならない。コンソリデーティッド・コンストラクション社の場合、チャーリーにとって「表面上の問題」は、3セクションの協働の強化だった。だが、組織の目的、すなわちパーパスに着目せず、組織化における問題点（協働やコミュニケーションの増進、意思決定の円滑化、包摂性や多様性の向上など）についてのみ議論することは、生成的変革プロジェクトの目指すべき方向ではない。協働について議論したからといって、協働が強化されるわけではない。たとえ有意義な議論が重ねられても、現場に戻ればさほど行動は変わらないだろう。変革を続けるためには、スタッフが業務の改善を実感する必要がある。協働の強化だけを目的に生成的会話と探索を続けても、すぐに「何のための協働なのだろうか？」という疑問に行き当たるだろう。そうした事態を避けるには、共通のパーパスを設定し（詳細は次章で説明したい）、協働の機会を作ることだ。対話型の組織開発では、リーダーたちが表面的な問題（協働の強化など）を掘り下げて「何のための協働か？」という疑問に対する答えを出せるようサポートすることが求められる。リーダーたちの本質的な問題は何なのか？　なぜ彼らは行き詰まっているのだろうか？　そのためには先述した探りと開始のプロセスと並行し、参加メンバー自身による学習を促すため、会話を活性化する質問を投げかけることだ。これにより以前とは異なる会話となるよう働きかける。もし(a)これまでの会話と変わらない、あるいは(b)参加者にとって有益と感じられないようであれば、それはコンサルタントの責任だ。

こうしたプロセスは、人々の気づきや選択肢を増やし、組織開発の主たる効果を導くことを目的としているという点において、診断型組織開発にも似ていると言える。主たる効果とはすなわち、50年前にクリス・アージリスが著しているように（1970）、(a)人々に有効かつ有用な情報を提供し、(b)情報に基づく自由な選択を可能にし、(c)関係者が主体的に選択できるようにすることである。だが対話型組織開発において私たちが目指すのは、医者と患者の関係でもなく、コンテンツを提供するエキスパートでもない。変革プロセスの専門家として組織変革の知識を活用し、クライアントがどのように組織を変革するかについて情報に基づく自由な選択ができるようサポートすることである。

両者の違いをまとめると、次のようになる。

1. 対話型組織開発では質問と変化が同時に進行する。診断型組織開発では、最初に質問を行い、次に変更すべき点を決定する。対話型組織開発ではこれらが同時に起こるのである。そこでは会話の過程において、チームのものの見方や文化が変わり始める様子を見てとることができる。次第に参加者は通常の業務手順に疑問を感じ、異なる方法に対してオープンになっていく。

2. 対話型組織開発においては、問題や現状の定義化や、前進を目的とした診断といったことには関心を持たない。それらは1つの考え方を有効とし、ほかの考え方よりも優先することにほかならない。むしろ対話型組織開発は、状況の多様性や複雑性を浮き上がらせ、混乱をもたらす要素として明らかにすることで（混乱を無くして発展的な変革は生み出せない（Bushe & Nagaishi, 2018））、過度に単純化した解決策を作らないようにする。

われわれが関心を持つのは、複雑性をふまえて望ましい将来像を見つけ出し、最終的に変革を実現しなければならない人たちにとって、何が一番重要であるかを把握することである。

適応課題の特性

「適応課題」（adaptive challenge）とは、ロナルド・ハイフェッツが「技術的問題」と区別するために提唱した用語であり（1944）、他の研究者が言う「厄介な問題」（Churchman, 1967）や「困難な意思決定状況」（Snowden and Boone, 2007）といった概念に近い。表2は、適応課題と技術的問題の主な相違点をまとめたものである。

適応課題とは複雑な意思決定が求められる状況である。というのも、その定義上、不確実性や変動をもたらす要素が多く、それゆえ何が原因となり、何が結果として起こるかを予測することが不可能な状況を指すからだ。そもそも人間が関わる以上、必ず複雑な問題

表２｜技術的問題と適応課題

技術的問題	適応課題
操作的に定義することが容易。	何が「問題」なのか合意形成しにくい。
業務手法（プロセスや手順）で解決できる。	価値観、信条、人間関係、考え方の変化が必要。
理解を得た技術的解決策は概して受け入れられやすい。	他者が決めた価値観や信条は概して受け入れられにくい。
多くは権限のある人物や専門家によって解決可能。	問題解決にはステークホルダーの関与が必要。
1つないしは数個の変更で対処が可能。多くは組織内で解決できる。	多くの変更を要する。通常は組織の垣根を超えた対応が必要。
ルールやプロセスの変更によって比較的速やかに解決策を実施できる。	適応には試行と発見が必要。失敗や行き詰まりも伴う。
解決後は別の変化が生じない限り、再び問題になることはない。	適応によってさらに適応を要する新たな問題が生じる。

出典：Bush & Nagaishi, 2018

が生じるという見方もある。なぜなら人々が物事をどう理解するか、またミーティングやコミュニケーションの結果がどうなるかといったことを予測することは困難だからだ(Shaw, 2002; Stacy, 2015)。ただし、問題解決の手法や技術的知識の適用が役に立ち、目的に適うといった場合も少なくない。たいていの人は航空機の設計をするのに試行錯誤を繰り返してほしいとは思わないだろう。技術的問題と関連する適応課題の例を表3にまとめた。

マネジャーの多くは、組織変革に関するあらゆる課題に対して、技術的問題に対するのと同じように計画的な変革アプローチで対処するよう教育を受けてきた。だがそのために多くの組織変革の努力が失敗に終わっている。コンソリデーティッド・コンストラクション社の事例を見てみよう。第1回マネジャー会議の終了前に、マーティーはグループに働きかけ、チームの課題を「想定外の対応を減らし、明確化と合意を実現し、業務の90%を計画やルールに沿って進められるようにするにはどうしたらよいか」と設定し、技術的な問題として定義した。これはごく一般的な対応と言えるだろう。しかしグループメンバーも認めているように、適切な資材を適切な場所、適切な時間に手配するという問題に対して、これまで、知識や問題解決の手法を用いても対処することはできなかった。自分たちではコントロールできない不確実な要素が多いためだ。メンバーの一部は、そうした方法が解決につながらないことはわかっているが、対話型組織開発の初期の段階では、他に方

表3｜技術的問題と適応課題の一例

困難な技術的問題	複雑な適応課題
安全上の潜在的問題を特定し、安全な業務プロセスを導入するにはどうすべきか?	経営陣から現場まで、あらゆる業務において安全文化を醸成するために何をすべきか?
モバイル機器を最大限活用する方法とは?	人員を最小限に抑える新たなデジタル技術の導入とは?
患者を持ち上げる最も安全な方法を看護師に周知するには?	看護師の心身の健康を改善する方法とは?
営業から設営への引き継ぎ時に正確な情報伝達を行うには?	営業部署とオペレーション部署の連携を強化するには?
患者への投薬ミスを減らすにはどうしたらよいか?	患者に責任を持って薬を飲んでもらうにはどうしたらよいか?

法があることなど思いつかない。
一般的に適応課題の解決には、次の3項目のような苦しい選択（ジレンマ）を迫られる。

①パラドックスへの対応——適応課題に適切に対処するには、一見相反するような物事に取り組む必要がある

仕事を分割し統合する上で、これが絶対といえるような決定的な解決策が見出されることは決してない。なぜなら効果的集団行動は緊張関係の上に成り立っているからである。こうした緊張関係はパラドックス（Smith and Berg, 1987）、対極性（Johnson, 1992）、あるいは競合価値観（Quinn, 1988）などと呼ばれている。たとえばクイン（1988）の競合価値観モデルは、外部志向と内部志向、あるいは安定性と柔軟性の双方のマネジメントが組織の能力を左右するとしている。つまり外部要求に適応しながら、同時に内部のオペレーションを標準化したり、対人的な問題と人を介さないプロセスや作業の両方に取り組んだりする必要があるということを意味している。

適応課題を的確に特定するには、組織が直面するジレンマを理解する必要がある。その内容は、次のようにどの組織にも共通するものもあれば、個々の組織に特有のものもある（このことは次章でより詳しく取り上げたい）。

●コストを削減しながら顧客に満足してもらう
●顧客ニーズに対応しながら、同時に顧客の行動を制限する
●業務を通じてスタッフを管理しながら、同時にスタッフを通じて業務を管理する
●ルールで業務の流れをスムーズにしながら、同時に人間関係で業務の流れをスムーズにする

●「安定性と管理」と「適応力と弾力性」の両立

また、CCMS特有の2つのジレンマがある。

●ルールを守れば叩かれ、ルールを守らなくても叩かれる
●建設作業員へのサービス提供はあらゆる問題やストレスの原因であり、同時にすべての意欲やプライドの源でもある

②リーダーの意識の変化
――適応課題に適切に対処するには、リーダーが今とは異なる考え方を取り入れる必要がある

直面する課題にどう対処したらよいかわからない。これはリーダーたちが抱える主たるジレンマの一つである。コンサルタントに声がかかるのも、多くの場合そのためだ。一般

的にリーダーは技術的な手法で組織の問題に対処しようとし、組織もそうあるべきであると期待している。専門家に問題の解決策を策定してもらい、リーダーは部下に対して何をすべきか指示するといったやり方が通例だ。生成的変革とは、ある部分ではリーダーの学びのプロセスでもあるのだ。

ＣＣＭＳのケースでも、これまでの習慣の中で最も打破するのが難しかったのは、リーダーが問題解決策の検討に時間を費やすことをやめ、スタッフを問題解決に参加させることに専念するという点であった。ロビンがミーティングから退出するときには、リーダーたちは自分たちの役割が問題解決ではなく問題提起にあることを理解し、「問題を解決したい」という衝動を抑えることができるようになった。しかしその熱意は依然として強大である。むろんリーダーが問題解決をしてはいけない理由はない。昇進するのは多くの場合、問題解決にすぐれ、問題解決することが好きな人物だ。他の人たちもそういう上司に問題解決を期待し、「私は何をすべきか？」と答えを求める。仮に答えられなければ、「なぜこの人は上司なのだろう？」と思うだろう。リーダーである限り必ず解決しなければならない問題がある。しかし適応課題はマネジャーや専門家がミーティングの場で解決する問題ではない。何をすべきかについては次章で詳しく説明するが、リーダーは「私には答えはわからない。だが、自分たちのパーパスが何であるかは理解している。グループ全体で、そのパーパスを追求することに全力を尽くしてもらいたい」と伝える必要がある。

③組織開発に永遠の解決策はない
——どんな解決策も新たな問題を生み出すことを受け入れる必要がある

前述したように、問題解決には数々の対立や矛盾、パラドックスが伴う。一見相反するように思えることが、組織を有効に機能させるためには必要になる。組織力には双極性があり、目の前の問題を解決すれば、必ず新たに解決すべき問題が生じる。たとえば権限が集中しすぎれば分権化への動きが起こり、分権が進めば再び集権化が求められる。既定のルーティンにこだわっていると息が詰まり、逆に人間関係に頼りすぎると非効率になっていく。まるで終わりのない旅のように、世界が投げかける多様な問題に対する最善の解決策を模索し続けることが必要だ。

そうした状況が示唆している重要なポイントは、多大な時間をかけて正解を追い求め、周りの人たちに賛同してもらうことに、さほど価値はないということである。生成的変革モデルでは、むしろ変わらなければならない人たちが前向きに取り組めるような答えを導き出し、共に取り組んでみるという姿勢を提唱する。小さな勝利を手に入れ、そこから学び、成功と失敗からの学習を次なる足場とするプロセスである。その途中で状況は変化する。環境が変われば、関係者も変わり、行動そのものが状況の変化につながるので、前年には機能しなかった問題解決策が、今なら有効かもしれない（逆もまた然り）。

もう1つ重要なポイントは、対話型組織開発の最大の目的が、俊敏で適応力が高く、学習する組織の構築であることだ。これを実現するためには、具体的な問題に俊敏かつ柔軟に取り組む必要がある。また重要な副次効果として、ステークホルダーを主体的に問題解決に参加させることが、組織として次の適応課題に迅速かつ的確に対処する能力の強化につながるという点がある。それはCCMSの事例でも確認できる。

生成的変革プロジェクトを開始するためのチェックリスト

□適応課題に取り組む上で協力を得る必要のあるスポンサーは決まっているか？　もし決まっていなければ、どうやって見つけ出すのか？

□リーダーやリーダーグループが生成的変革に関する詳しい知識を持ち合わせていない場合、彼らはこれまでの慣れたやり方を手放す用意があるだろうか？

□リーダーたちは組織のコントロールをやめて、創発的な変革に取り組む準備ができているか？

□リーダーたちは時間と労力を投じようとしている適応課題がどのようなものなのか、十分に理解しているか？

第2章

Reframe

可能性に焦点を置くパーパス・ステートメントの策定

The Dynamics of Generative Change

適応課題は必ずしも明確な定義を必要とせず、さまざまに表現することが可能である。また、スポンサーやスポンサーグループは、適応課題を明確化するときに陥るジレンマをすべて自覚している必要もない。どれだけ明確にする必要があるかは、相手による。深く考えたい人もいれば、気にせず前に進みたい人もいるだろう。だが組織開発の担当者は、適応課題が何であるかを十分に理解しておく必要がある。これは変革の指針となる「パーパス」の明確化という、生成的変革モデルにおいて極めて重要な次のステップに進む上で不可欠な要素だ。パーパスの具体的な文言についてスポンサーの了解を得る必要はない。この作業において非常に有効なのが「生成的イメージ」の策定である。

第2回マネジャー会議

第2回のミーティングに参加したロビンは、マネジャーたちの主要課題をスタッフが関心を持てるものに変え、できれば「生成的イメージ」を策定すべきだと感じた。そこでまず彼らに対し、「想定外の対応を減らし、業務を計画どおりに遂行する」という課題を、組織のメンバーが関心を持ち、そうした変革に参加したいと思えるものに変えるには、どうすればよいだろうと問いかけた。だが、興味深いことに参加者たちはロビンの問いかけを無視して議論を続けた。そこでロビンは聞き役に徹した。やがて彼らが議論しているのは、建設作業員や委託業者の期待や行動を変える方法だと気づいた。さらに議論が進むにつれて、参加者たちが彼らの通常の業務のやり方について徹底的に論じているのだということにもロビンは気づいた。

その会話を聞きながら、ロビンはいくつかの重要なポイントを次のようにメモしていた。

- ユーザーの期待に応えるために、かつてルールやサービス契約を策定したが、うまく機能しなかった。
- ルールを作成したが、建設作業員の要望に合わなかった。
- 需要の大部分はあらかじめ把握して準備することができるが、一部の想定外の需要が問題の元凶になっている。ただし、それぞれの割合は明確ではない。
- 想定外の需要は、建設作業員より委託業者からのほうが多く、建設作業員からの需要はかなり予測しやすい。作業員からの想定外の需要は、主に顧客からの想定外の変更や天候が原因である。
- コンソリデーテッド・コンストラクション社の新たなCEOは、組織全体の顧客中心主義とともに従業員の愛社精神を高めたいと考えている。

- 地域倉庫はルールを破って建設作業員へのサービスを充実させ、そのことを中央倉庫に報告していない。
- 建設作業員への対応とコスト管理のいずれを重視するかで組織内に葛藤が生じている。地域倉庫は作業員重視、発注・スケジュール管理セクションはコスト管理重視、中央倉庫は中間的立場をとる。
- 資材の在庫を増やしても、想定外の需要による問題の解決にはならないと思われている。

ウォリー「みなさんは、ボブ・タトルを知っていますか？」

エスターとマーティーは、この倉庫担当者の名前を聞いたことがなかったが、かつて地域倉庫担当のマネジャーだったチャーリーは知っていた。

ウォリー「ボブは、建設作業員との対応で問題を起こしたことがありません。かなり複雑なサービスエリアにあって倉庫を見事に管理し、中央倉庫との間に問題も起こさず、作業員や委託業者に素晴らしいサービスを提供しているのです」

マーティー「だから私は知らなかったのでしょう」

エスター「彼から多くのことを学べるはずです」

チャーリー「彼はどうしてそんなふうにできるのでしょう?」

ウォリー「わかりません」

ロビン「なぜボブのようなCCMSグループの人たちがスムーズに対応できているのか、組織として学習するというのも一つの選択肢です」

そこから会話は、CCMS内で知識の共有ができていないことに進んだ。CCMSの出荷プロセスについての話になると、スタッフは自分の担当エリア外の業務内容をほとんど理解していないことがわかった。またCCMS内のセクションによって出荷の内容や特性が異なることや、スタッフは担当業務の理解ばかりを求められ、CCMS全体を把握できていないという問題が浮かび上がってきた。

ロビン「ＣＣＭＳグループ内の垣根を超えたミーティングはありますか？　また役に立っていますか？」

チャーリー「毎年行われる安全会議には、組織から多くのスタッフが集まります。この会議は単に安全性の向上だけではなく、ほかにも多大な効果があると思っています」

エスター「確かに異なる地域やセクションのメンバーが参加するミーティングには、副次的な効果があります」

ウォリー「そうした機会を増やすべきかもしれません」

ロビン「生成的変革モデルを採用するつもりであれば、多様なセクションや地域のスタッフを集める必要があるでしょう。ＣＣＭＳ以外のメンバーや、場合によっては取引業者にも参加してもらう必要があるかもしれません。しかし、そうしたミーティングを計画する前に、マネジャーであるあなた方が考えている課題を、実際に変革を求められるスタッフたちが関心を持つような内容に再構築する作業が必要です。そこで今日はフリップチャートを用意しました。これを使って、スタッフの関心事を把握していきましょう」

ロビンはミーティングルームに用意してあったフリップの横に立ち、マネジャーたちの話を聞きながらスタッフの関心事を次の5項目（太字部分）にまとめた。

1. **CCMSのメンバーは、建設作業員に必要な資材を確実に提供することにモチベーションを感じている。**マネジャーは、現場に近いスタッフほどそのモチベーションが強いと感じている。

2. **スタッフはCC社の社員であることを大切にしている。**マネジャーは、スタッフが太平洋岸北西部の各地で働く同僚との良好な関係を構築することに強い関心を持っていると考えている。多くの小規模なコミュニティーのスタッフは、コンソリデーティッド・コンストラクション社の一員であることに誇りを感じ、地域の建設作業員とも「チームの一員」であるという意識を持っている。

3. **スタッフは正確性を重視している。**マネジャーは、スタッフがただ作業員に資材を提供するだけではなく、正しい資材を正確な時間に正しい人物に届けたいという願いを持っていると考えている。スタッフはみずからの仕事に誇りを持ち、相手を失望させたくない。資材提供の担当者は、相手が求める資材の提供にやりがいを感じているためにルールを守らないのだ。ルールを遵守しようとすれば、ＣＣＭＳ内外の人たちに判断を覆される。

4. **スタッフはどんなときも叱責されたくない。**マネジャーによると、現場は混乱があまりにも多く、スタッフの士気を低下させる元凶になっている。スタッフが望んでいるのは、何よりストレスのない日常である。

5. **スタッフは自分の意見を聞いてもらいたいと感じている。**

ロビン「私たちは、組織変革の指針となる『パーパス』を明確にする必要があります。そのことについて、少し説明しましょう。『ビジョン』とはゴールやターゲットのようなもので、私たちが到達しようとする対象です。それに対して『パーパス』は、私たちが日常的に行おうとすることです。通常、ゴールは1つの計画に沿って達成しますが、パーパスを達成するには数多くの方法があり得ます。みなさんの議論を聞いていると、ＣＣＭＳのパーパスは、正しい資材を、正確な時間に、正しい人物に届けることではないでしょうか？」

チャーリー「まさにそのとおりです」

ロビン「このパーパス・ステートメントの問題点は、新たな考えや議論につながる道筋があまり多くないことです。これはここにいるマネジャーのみなさんが、ずっと考えて、議論してきたことです。組織変革プロセスを活性化するためには、スタッフが気にかけていることやマネジャーが改善したいことをふまえて、人を動かすような新しいパーパスを設定しなければなりません。一言で言えば、短く魅力的であること。つまり、すぐに理解できるような端的な言葉で、なおかつスタッフが取り組みたいと思えるような魅力をもった言葉です」

マネジャーたちはしばらく議論を行ったが的確なアイデアが浮かばず、エスターが発言した。

エスター「『ストレスのない業務』というのはどうでしょう?」

ロビン「悪くないですね。ただし、そうすると、マネジャーがスタッフに考えてもらいたいと思うさまざまな可変的要素に会話をフォーカスすることができません。つまり、ストレスを避けるために顧客ニーズを無視したルールを設定する恐れがあります。それはよくないですよね？」

エスター「もちろんです」

マーティー「『90％機能するプロセスを作る』という目標はどうですか？」

ロビン「スタッフのみなさんは、その目標に意欲的に取り組みたいと思うでしょうか？」

マネジャーたちは、即座に否定した。マネジャーが改善を望み、日常的でスタッフにも関心を持ってもらえるテーマとは何か。それをスタッフたちに前向きに取り組んでもらうためには、どのような言葉にすればよいのか。議論は難航し、まとまらなかった。

チャーリー「『ストレスのない顧客サービス』はどうですか？」

ようやく出た答えに、椅子にのけぞる者もいれば、前のめりに崩れ落ちる者もいた。

ウォリー「それこそまさしく私たちが望んでいることです！」

ここでいったんケーススタディを中断して――

適応課題からパーパスへ

「パーパス」はビジョンやゴールとは異なり、生成的変革を成功させる上で不可欠な要素である。「ビジョン」とは、達成したい明確な将来像を意味する。リーダーが望ましい未来について説得力のあるビジョンとともに、そこに至る道筋を提示できれば、部下はついてくるだろう。トップダウンの計画的変革プロセスでは、成功の確度を高める上でビジョンが不可欠であるが、創発的かつ生成的な変革プロセスにおいては自由が制限されるため、むしろ足かせとなる。これに対してパーパスは、グループや組織が日々目指すべき方向性

表4｜ビジョンとパーパスの違い

ビジョンは、将来どうなりたいかを示す	パーパスは、日々何を目指すかを示す
2025年までに全米50州すべてに営業拠点を持つ	事業を成長させる
2年以内に100%の定刻配送を実現する	顧客を喜ばせる
2週間以内にドアのすべての傷を補修する	不良品を減らす

を表現したものである。貧困の撲滅や不良品の一掃のように、決して達成できそうにない状態をパーパスにする例も少なくない。表4は、ゴールやビジョンとパーパスとの違いを列記したものである。

ビジョンではなくパーパスを必要とする理由は、少なくとも2つある。

パーパスは探究や主体的行動の可能性を拡げる

ビジョンは、パーパスを達成するための具体的な方法の一つである。1人あるいは複数のリーダーが、あるビジョンをパーパス達成の最善策だと判断したなら、部下たちはそのビジョンに従わなければならない（ビジョンへの賛同、ビジョンの推進など）。何かを試してみる余地はほとんどなく、変化しなければならないスタッフの創造性や本来備えている意欲を発揮する機会も極めて限られる。たとえば100％の定刻配送は、顧客を喜ばせる方法の一つに過ぎず、顧客によっては定刻配送が最優先事項ではない可能性もある。日常的に顧客と接している現場スタッフが、それ以外に顧客が喜ぶだろうと思うアイデアを持っていたとしたらどうだろうか？　定刻配送の遵守によって現場スタッフがストレスを感じ、定刻配送という制約のために顧客が望むその他の優先事項を満たせないといった状況が生じた場合、顧客を喜ばせようとする当人の意欲は大いに損なわれるだろう。トップダウンでビジョンを指示することは、スタッフがパーパスの達成に意欲的に取り組まないだろうという見方を暗にあるいは明示的に示している。つまりスタッフの自主性に任せたのでは彼らがパーパス達成に向けて行動しないだろう、あるいはスタッフにはパーパスの達成方法がわからないため道筋を示す必要があるとリーダーは考えているのである。そうした状況では生成的変革プロセスは機能しない。逆にスタッフがパーパスに対して意欲的であれば、みずから達成方法を見つけ出すはずだ。そのアイデアは多くの場合、ほかの人とは異なり、イノベーションや学習の原動力になる。

パーパスは創発性の活用を可能にする

人は共通のパーパスを持つことで、全体の利益になるように自己を管理する傾向を大いに強める。逆に共通のパーパスがなければ、個人のニーズや欲求、意図に従って自己を管理する傾向にある。そもそもリーダーが、明確な指示に拠らずスタッフの主体性に任せる変革プロセスをためらうのは、人は組織のニーズよりも自分自身への関心が高いと思い込んでいるからだ。しかし共通の目標達成に関心を持ち、自主的行動を任されれば、スタッフは成功への最善策だと思う方法をみずから選ぶ。そうなるとスタッフの意欲を高める必要はなくなるが、一方で知識やスキルを向上させる必要が生じるかもしれない。また彼らが必要だと思う行動への障害を取り除かなければならないことも多い。

生成的イメージ

生成的イメージ（Bushe, 1998, 2013; Bushe & Storch, 2015）とは、それを使用するグループにとって新しい、あるいは珍しい言葉の組み合わせのことである。イメージが生成的であるためには3つの要件が求められる。まず、その言葉を聞いたスタッフが、状況を新たな視点で捉えることができ、それまでになかった新たな会話が生まれること。過去には思いつかなかった選択肢を考えられるようになり、そこから新たな意思決定や行動への道筋が生まれる。すぐれて生成的なイメージが持つ2つ目の要件は、言葉に説得力があり、イメージが指し示す新たな方向で行動したくなること。たとえ言葉の意味するところが完全に理解できなくても、スタッフを引き付ける何かがなければならない。それが新たな発言や行動を促す。3つ目の要件は、生成的イメージは魅力的だが曖昧で、明確に定義するのが難しいという点だ。だからこそ次々と新たなアイデアが生み出される。生成的イメージは、ブッシュとマーシャク（2014）の対話型組織開発理論では、3つの重要な変革プロセスの1つに位置付けられている。

CCMSの事例で説明すると、生成的イメージはストレスのない顧客サービスに相当する。「ストレスのない」という言葉は、標準化や予測可能性、管理の向上といった要素（加えて叱責されないこと）に対する願望を表している。一方、「顧客サービス」という言葉は、顧客のどんな要望にも応えたいという願望を表している。中央倉庫にとっての顧客は地域倉庫であり、また両方の倉庫は発注・スケジュールセクションにとっての顧客でもあるため、組織内でも通用する言葉であり、同時に建設作業員や委託業者はCCMSにとっての顧客であるという意味において組織外でも通用する。ただし、あるグループのストレスを軽減するための変革が、他のグループのストレス増大につながってはいけない。つまりパーパスはCCMSのすべてのスタッフにとって望ましいものであり、なおかつ対処すべき問題の複雑性にも対応できるものであるのがよい。また、「ストレスのない顧客サービス」が意味するものは具体的ではないが、その曖昧さが必要なのだ。そうでなければ、今後長期にわたって派生的に起こるイノベーションにはつながらない。

ミーティングの議題を、「ストレスのない顧客サービスを提供する方法」とすることで、さまざまなグループから人々の参加を募り、共通の望ましい将来像に向けた生産的な会話を持つことが容易となる。過去のトラブルを話題にしたり、責任を追及したりする必要もなくなる。CCMSのリーダーから遠方の倉庫スタッフまで、すべてのスタッフが目指すべき方向性に関心を持ち、主体的に取り組める。改善策のための自由参加のミーティングも招集しやすくなる。

表5は、適応課題とそれに対する生成的イメージの一例である。

生成的イメージの策定

生成的変革の原動力となるパーパスは、スポンサーが対処したいと考える適応課題と、変化を求められるステークホルダーに内在する意欲の両方に配慮したものでなければならない。スポンサーや経営陣だけが関心を持てるものではいけない。大切なのは、変革プロセスに関与してもらわなければならない人たちが、何に関心を持っているのかを把握でき

表5｜生成的イメージの例

適応課題	可能性に焦点を置く未来志向のパーパス（生成的イメージ）
いかにして買収した複数の同業他社を一体化し、従前の営業エリアにおける勝手な行動を排除し、統合による相乗効果を高め、世界レベルのイノベーションを実現するか？	真のグローバル企業になる
鉱山労働者の安全性をいかにして高めるか？ 彼らは安全性を高めるための新たな方針やルールに反対しており、それらは複雑すぎて不必要な業務が増えると主張している。	安全を簡単に
組織内の他部署をファイナンスグループと積極的に連携させ、より適応力のある機敏な財務管理を実現するにはどうしたらよいか？	痛みを伴わない予算策定

る感覚である。ＣＣＭＳのような比較的小規模な事例であれば、リーダーには十分な感覚があるかもしれない。特に現場スタッフからリーダーに昇進した場合は、その感覚は鋭いはずだ。しかしステークホルダーが多くなれば、スポンサーはステークホルダーのリアルな関心や懸念に注意を払い目が届きにくくなる。対話型組織開発プロジェクトでデザインチーム（運営グループや調整委員会と呼ばれることもある）を結成するのも、それが大きな理由の一つである。そこにはさまざまなステークホルダーが加わり、変革しようとするシステム全体の縮図となる。うまくいけば、あらゆるステークホルダーの関心事を把握できる。チームの責務は適切なパーパスを設定することだが、可能ならば生成的イメージも策定できるとよいだろう。

生成的イメージの策定については特に決まった型があるわけではなく、また生成的イメージを使用しない変革プロジェクトの例もある。だがそうした場合でも、未来志向で可能性を追求するパーパス・ステートメントは必要である。私たちの研究によると、本人が改善したいと望むことに主眼を置いた取り組みは、問題点や関心のないことに主眼を置く場合に比べ、より生成的な会話を生む傾向にある（Bushe & Paranjpey, 2014）。さらに、的確な生成的イメージを構築できれば、周りの人たちにも生成的会話に参加してもらいやすくなる。

ＣＣＭＳの事例では、「正しい資材を正確な時間に正しい人物に届ける」というメッセージは彼らのパーパスであり、生成的変革プロジェクトにおいてそのまま使用することもできたかもしれない。しかし、中央倉庫や地域倉庫の現場スタッフに取り組んでもらうためには、さらなる工夫が必要だった。その理由は、⑴現場スタッフは長年この目標に取り組んできており目新しさに欠ける。⑵曖昧さがない。つまり多くのスタッフが何をすべきかわかっていると感じてしまい（うまくいかない理由は、周りの人たちやグループ、システムにある）、適応課題というより技術的問題として映る。⑶魅力的でなく、インスピレーションにつながらない。「ストレスをなくす」という言葉が示唆する問題点に触れられていない。

対極にある要素の組み合わせ

生成的イメージを最も簡単に作り出すには、これまでどちらか一方しか選べないと思われてきた対極にある要素を組み合わせればよい。ＣＣＭＳの事例では、スタッフがルールを守ればストレスは減るが、顧客サービスは低下するとマネジャーは考えていた。一方、常に顧客のニーズに対応していると、ルールを守れなくなり、担当者同士の衝突も生まれる。「ストレスのない顧客サービス」という言葉は、いずれか一方しか成立しないと思われていたものを、両立するものに変える事例である。現代の最も生成的イメージである「持続可能な開発」は、その典型事例である。その言葉が提唱されるまでは、環境と経済は二者択一の関係であり、両立できないと考えられていたのだ。その言葉が提唱されてから25年あまりたった今でも、持続可能な開発はイノベーションを産み続けており、持続可能な開発とは何かを誰も定義できない。もし定義されれば、生成的イメージではなくなってしまう。

ただし、「持続可能な開発」が他と異なるのは、多くの状況や文化において生成的でありうるという点である。一般的には、生成的イメージは特定の状況においてのみ生成的なものである。たとえばCCMS以外の多くの組織では、「ストレスのない顧客サービス」というイメージは特別なものではなく、曖昧なものでもなく、士気高揚や対立の解決にもつながらないので、生成的ではないだろう。生成的イメージは、士気高揚につながるだけでは不十分である。実際に私は、生成的イメージを考えようとしているにもかかわらず、まるでマーケティングスローガンのようなアイデアが生まれる場面を見てきた。表現は魅力的だが、スタッフを適応課題に向き合わせるものではなく、スタッフの関心事に対する理解も欠けているのだ。生成的イメージは本当のパーパス、つまり潜在的な適応課題や、スポンサーがスタッフに日々挑んでもらいたいと思っていることに目を向け、明文化されていない潜在的な共通のパーパスを表現しなければならない。

では、どうすれば素晴らしいイメージかどうか判断できるのか？　私はそのための公式を知っているわけではない。だが誰でも素晴らしいイメージを耳にすれば、それだとわかるものである。たとえば変革を推進するデザインチームやリーダーグループと議論しているとき、素晴らしいイメージのアイデアが出れば、多くのメンバーが気づくだろう。変革に参加してほしいと思っているさまざまなステークホルダーの意見を聞き、それから決めるのもいいだろう。

適応課題から生成的イメージへ　チェックリスト

□リーダーは、生成的変革のアプローチを試す準備ができている。
□適応課題に取り組むために変わる必要があるステークホルダーを特定できている。
□組織の足かせとなっている対極性のある課題を、1つあるいは複数特定できている。
□共に変革に取り組むグループメンバーは、ステークホルダーの真の関心事を把握できている。
□スポンサーは、みずからの本当の課題を把握している。
□生成的変革プロセスのスポンサーが、適応課題の生成的イメージ化に参加している。
□適応課題を、ステークホルダーを新たな会話に呼び込めるような端的で魅力的な言葉に再構築することができる。

第3章

Engage

ステークホルダーを生成的会話に参加させる

次のマネジャー会議では、パーパス・ステートメント「ストレスのない顧客サービス」を試行した結果から学んだことがテーマになった。チャーリーは、ストレスのない顧客サービスはさまざまな点で資材の調達能力と直結しており、これを取り組みの重点課題にすべきだと主張した。実際にユーザーのニーズに応じて資材を提供する際に直面した、数々の具体的な問題が議論された。なかにはミーティングに参加しているマネジャーが、問題に関わる他のグループの行動を正しく認識していないケースもあった。ロビンが指摘したのは、資材の調達能力に関する議論で見られた「ストーリーライン」（いろいろな場面で繰り返される同じ話）の1つに「現場サイドは調達サイドが気を抜いていると考え、調達サイドは現場サイドが資材を隠している／無駄にしている／紛失していると考えている」というものがあるという点だ。だが、具体的な問題を深く掘り下げてみると、本当の原因はより合理的なものであることが多い。ロビンは、このストーリーラインを変えなければ、本当の意味での変革は実現しないと考えた。

マネジャーたちの議論の中で繰り返し聞かれたのは、地域倉庫スタッフが、トラックが到着するまで何が配送されてくるのか把握できていないという問題だった。倉庫スタッフの1カ月の資材提供能力が安定しないのは、その問題が大きく関係している可能性があった。だが、現在の在庫管理ソフトウエアの限界や、対応にかかる膨大な手間などから結局具体的な対応策は見いだせず、誰が率先して倉庫スタッフが事前に配送情報を把握できるようにするのか、すべきなのかは明確ではなかった。

そのときマーティーが、CCMSが扱っている建設資材の特性と数量に関する分析を紹介した。それによると、資材には5000以上のアイテムがあり、それぞれに個別のカタログ番号がついているが、実際の発注作業全体のほぼ70%を占めているのは、約250アイテムにすぎない。それらのアイテムが、定期的な発注業務の大部分を占めていたのだった。マネジャーたちは、それらを「HVM（大量発注資材）」と呼び、必ず適切な場所と時間に手配できるようにしようということになった。チャーリーは、その方法を構築できれば、ほかの資材にも応用できるはずだと発言した。

CCMSでは年に数回、マネジャーと業務主任の14名全員（第1章の図3参照）が参加するミーティングがあり、数多くのプレゼンテーションと報告が行われていた。次のミーティングは数週間後に予定されており、ロビンはいわゆる「エンゲージメント・イベント」の開催を提案した。参加者は、組織の課題を見つけ出し、各自が最も関心のある課題について少人数のグループで議論する。そこから、職場に戻って実行する解決策を主体的に策定するというものだ。この提案に対するマネジャーたちの賛同レベルは、一様ではなかった。これまでとはまったく異なるミーティングになるため、うまくいくかどうかわからなかったのだ。スタッフが躊躇するのではないかといった考えもあった。組織内における信頼感の欠如についても話題になった。「目立たず、余計な口出しもしない」という文化が蔓延しているようだった。ウォリーは「問題を共有しようとしないし、成功も共有しようとしません。うちでは、あるセクションが問題を抱えていると聞けば、そのマネジャーを外して、ほかの誰かに解決を任せるだろうし、あるセクションが成功していると聞けば、マネジャーは人員を減らせるだろうと言われます。いずれにしてもうまくいきません」と発言した。それまでも多くの現場スタッフは、変革プログラムが始まっては終わる様子を見てきたので、冷ややかな態度になるのもやむを得なかった。しかし、チャーリーの強い思いを目にして、マネジャーたちは全力を尽くして成功を目指そうと思った。彼らはまず変革プロセスについての説明に時間をかける必要があると考えた。「変革に関わる人たちには会話に参加してもらうべきだ」という考えから、ミーティングには各グループの組合のリーダーにも参加してもらうこととなった。そのことも異例だが、参加する人数がわからない会議というのも非常に異例だった。チャーリーは、それぞれのエリアの最大2~3カ所からメンバーの追加参加を決め、最初に手を挙げた人を招待し、費用も負担することにした。

エスター「私たちマネジャーは遠慮して参加しないほうが、ほかのスタッフたちが参加しやすいのではないでしょうか」

ロビン「ほかのスタッフの参加を促したいという考えは、素晴らしいと思います。でも、あなたもほかのメンバーと同じように参加すべきです。決して会話を支配しようとせず、ワクワクするようなアイデアに対しては感じたままに意見を述べてください。

みなさん、現時点ではこのようなミーティングを開催することにはリスクがあると感じているでしょう。でも、やがて参加者の多大なエネルギーに気づき、ミーティングの開催自体は難しくないことがわかるはずです。マネジャーがリーダーシップを発揮すべきなのは、ミーティング後です。ただし、これまでとはまったく違うリーダーシップです。

今回のミーティングを、スタッフに提案をさせ、どれをプロジェクトとして進めるかを決めるといった場にしてはいけません。ミーティングを利用して、同じような考えを持つ意欲的なスタッフの存在を認識させ、本人たちが主体的に取り組めるアイデアを提案させるのが目的です。ガイドラインに適うアイデアを持つすべてのスタッフに対して、その実現をサポートするべきです。マネジャーたちが参加するのは勝者を決めるためではなく、できるだけ多くの実験を行い、そこから学習するためです。

スタッフに対しては、それらが本当に実験であって、その成功に責任を負わなくてもよいと思ってもらう必要があります。そうでなければ、新たな試みへの挑戦を強くためらうはずです。ガイドラインに見合う実験はすべて前向きに受け入れ、失敗してもそこから学ぶものがあるはずだからかまわないと考えるべきです。

ミーティング終了後こそ、あなた方のリーダーシップがものを言います。ミーティングの結果として何が起こっているのか注意を払い、モニタリングする方法を見つけ出します。次に成功しているアイデアを率先してサポートし、増幅させます。変革への動きを加速させ、成功を周知し称えます。また失敗も学びとし、称賛する姿勢が必要です」

チャーリー「かなり難しそうですが、やる気が出てきました。うまくいけば、どんなことでも改善できそうです。ただ、そうしたプロセスを『実験』と呼ぶのは、私たちの文化になじまないと思います。『パイロットプロジェクト』はどうでしょうか？　そのほうがスタッフは慣れています」

ロビン「そうですね。パイロットプロジェクトと呼びましょう。では、どうすればみなさんが、立ち上げられたさまざまなパイロットプロジェクトを適切にサポートできるか考えてみましょう」

マネジャーたちは、いくつかの方法について検討した結果、トラッカー（プロジェクトの進行状況を追跡する人物）を置くことを決めた。かつて特別プロジェクトに参加していたブレンダに白羽の矢が立った。ブレンダの後任としてマーティーが着任したが、特別プロジェクトの進捗の遅れから、ブレンダはチャーリーの部下に戻っていた。そこでブレンダにすべてのパイロットプロジェクトと連絡を保ち、継続的なフィードバックの仕組みを作って、マネジャーやCCMSのスタッフが状況を把握できるようにした。スタッフが参加するミーティングまで2週間しかなかったので、幹部たちの調整委員会の開催は見合わせて、チャーリーとロビンがミーティングの構成を考え、ブレンダ本人に役割を伝えることになった。

第1回エンゲージメント・イベントの構成

エンゲージメント・イベントは、研修施設の大会議室で木曜日の午前10時から午後4時まで開催することになった。まず、会議室の1つのコーナーにスクリーンを設置し、劇場のように椅子を配置した。残りの3つのコーナーには、フリップやマーカー、テープを用意し、発注・スケジュール管理担当、中央倉庫担当、地域倉庫担当にそれぞれ割り当てた。

図3に示したマネジャーと業務主任14名のほかに、CCMSグループ全体から参加を希望した組合員のリーダーたち約25名が集まり、ストレスのない顧客サービスの実現について議論することになった。最初にチャーリーが参加者にブレンダとロビンを紹介し、2人の役割についても説明した。また、その日のミーティングの目的を次のように発表した。

1. HVMを顧客にストレスなく、確実に届けられる方法を考案する。
2. CCMS全体にまたがる組織横断的な協働をより充実させる。

チャーリーは、CCMSについての認識と、ストレスのない顧客サービスを提供するためにどのような組織を作り上げなければならないかについて自身の考えを述べた。また、HVMを最初のターゲットとして選んだ理由を説明した。続いてマーティーがHVMについて詳細を補足し、HVMに関してみずからが行った分析を10分間説明した。その後、参加者からチャーリーとマーティーへの質問を受けた。質問はあまり多くなかった。

次にロビンが、従来の方法ではなく生成的変革プロセスを導入する理由を簡単に説明した。そのなかでロビンは、組織では人々が他のグループで起こっている出来事について自分たちが納得するストーリーを作り上げており、その内容を相手に確認しないことから障壁や誤解が生じていると述べた[4]。また具体例として、資材の提供サイドと調達サイドに関するストーリーラインを紹介し、まず参加者に求められるのは、ほかのセクションの話を聞いて状況を理解することだと説明した。改善をもたらす唯一の方法は、スタッフが自身のニーズを積極的に説明してオープンにできるかどうかにあると強調した。

ロビン「組織内で協力体制を構築するための第1のルールは、まず自分自身の要望を主張することです」

ある参加者「給料を上げてほしいです」(会場から笑い)

ロビン「そして第2のルールは、その要望が必ずしもかなうと思わないことです。要望を主張したからといって誰かがその要望をかなえる義務を負うわけではありません。でも少なくとも要望を知ってもらえることで、実現の可能性は大幅に高まります」

別の参加者「私と妻の間に起こっていることと同じです」(一同大笑い)

[4]この問題とその解決策については、G.Bushe (2009)で論じている。

続いてロビンは、生成的変革プロセスについて簡単に説明し、午後のミーティングでは各自の業務上の要望を順に聞いていきたいと伝えた。さらにマネジャーたちが策定した、今回と今後のエンゲージメント・イベントに関する指針を紹介した。

- 毎回一つの具体的な問題解決に取り組む（他の問題を提起する場にしない）。
- 問題解決の取り組みに加わる必要があるスタッフにはできる限り参加を求める。
- 参加は強制しない。
- イベントではアイデアや意欲のあるスタッフが、問題解決に向けたパイロットプロジェクトを提案する。
- ガイドラインに反していない限りあらゆるパイロットプロジェクトを歓迎する（ガイドラインについては後述）
- イベント終了後、参加者全員がパイロットプロジェクトの成功のためにそれぞれできることをする。
- マネジャーの役割は、パイロットプロジェクトの進捗のモニタリングと報告、また成功しているプロジェクトの活用と定着の方法を検討することである。

●パイロットプロジェクトは、新たなアイデアやコンセプトの検証に有効であり、パイロットプロジェクトを提案したスタッフには前向きな取り組みが期待できる。すべてのプロジェクトが成功するわけではないが、失敗からは有意義な学びもある。

当日のスケジュール表が配布され（表6参照）、その後は予定どおり進行した。まず3つのセクションに分かれて「HVMのどのような面がストレスの原因になっているのか」について、プレゼンテーションの準備を進めた。各セクションのプレゼンテーション時には、それぞれのセクションが抱える問題を理解するため、ほかのセクションからの質問が促された。その後、再度3つのセクションに分かれ、ほかの2つのセクションについて、(1)相手セクションが自分たちのセクションのストレスを軽減できそうな方法、(2)自分たちが相手セクションのストレスを軽減できそうな方法の2項目について議論した。これらについても再び全体で発表を行い、質問を受け付けた。その後、セクションごとに集まり、ほかのセクションと協議するメンバーを決めた。その間に、会議室の各コーナーはセクションごとではなく、セクションの組み合わせ（中央倉庫担当と地域倉庫担当など）でコーナー分けされた。組み合わせを表すフリップチャートがそれぞれの壁に貼られ、参加者はそれぞれの場所でストレスのない顧客サービスを実現するためのアイデアについて話し合った。グ

15分	セクションごとに集まり、各セクションのプレゼンテーション内容について議論する。HVMに関するストレスを軽減する方法についてほかのセクションの代表者と話し合うためにメンバーの振り分けを検討する。 会議室の各コーナーをセクションごとではなく、2つのセクションごとに変更。セクションの組み合わせごとに要望と提案を記載したフリップチャートを、各コーナーの壁に掲出する。
15分	チャーリーがパイロットプロジェクトのガイドラインを説明する。 ・複雑すぎない ・ストレスを軽減し、誰のストレスも増やさない ・全社的なコストや人員を増やさない ・ITシステムを活用する(避けない) ・想定外の状況に対するCCMSグループの適応能力を高める ・サプライチェーン全体の関係改善につなげる(関係を悪化させない) グループを分割し少人数で取り組んでもよい。必ずしも全員で行う必要はない。
60分	セクションの組み合わせごとに集まり、HVMについてストレスのない顧客サービスを提供するためのパイロットプロジェクトについて議論する。一人以上が賛同するプロジェクトに絞り込む。
30分	パイロットプロジェクトをグループ全体に説明し、チームリーダーを紹介する。
30分	チャーリーが最後に質問を受け付け、とにかくやってみればよいと後押しする。

表6｜CCMS第1回エンゲージメント・イベントの構成

30分	3つのセクションに分かれて（発注・スケジュール管理担当、中央倉庫担当、地域倉庫担当）、「HVMのどのような面がストレスの原因になっているのか」を考える。ブレインストーミングの内容をフリップチャートにまとめ、全体セッションでの発表者を決める（マネジャー以外）。
30分	プレゼンテーション。プレゼンテーション後に質疑応答。
45分	再度3つのセクションに分かれ、ほかの2つのセクションのプレゼンテーション内容をふまえて、「相手セクションが自分たちのセクションのHVMに関するストレスを軽減できそうな方法」、「自分たちが相手セクションのHVMに関するストレスを軽減できそうな方法」の2項目を議論する。それらをフリップチャートにまとめて、全体セッションでの発表者を決める。 ランチタイムにかかる可能性があるため、作業を終えたグループから随時食事をとる。終わらないグループは作業を継続し、ランチをとりながら議論してもよい。
60分	ランチタイム。好きなときに食べられるようにビュッフェ形式
45分	プレゼンテーション。プレゼンテーション中でも自由に質問可。

ループを自由に分割し、個々のアイデアについて少人数で話し合うことも許された。また議論に貢献できない、あるいは興味を持てないといった場合には、自身の判断で別の場所に移動してもよいとする「二本足の法則」[5]が示された。最後の30分間は再度全体セッションとなり、パイロットプロジェクトの提案者がプロジェクトの内容と関連するセクション、チームリーダーを発表した。チャーリーが、プロジェクトに参加するスタッフは「とにかくやってみればよい」と念押しし、ブレンダがサポートすることを伝えた。

ここでいったんケーススタディを中断して——

生成的会話のデザイン

対話型組織開発では、各手法で生成的会話のデザイン方法が異なる[6]。ここでは詳細にふれないが、The Change Handbook（組織変革のハンドブック）（Holman, Devane & Cady, 2007）には数多くの事例が取り上げられており、レパートリーを増やすのに役立つだろう。こうしたさまざまな手法を学ぶことは、手持ちのツールを増やす上で有益だが、それらをただ

[5] 参加者が主体となって対話を進める「オープンスペーステクノロジー」の主要原則の1つ。
[6] b-m-institute.comには、対話型組織開発手法に関する最新の参考文献が掲載されている。

手順どおりに使うだけでは、望ましい結果に導けるとは限らない。対話型組織開発とは、いかに適切な手法を駆使して、組織変革を成功に導くかという理論である。望ましい成果につながる効果的な手法を、変革する組織、タイミング、場所を考慮しながら、組織が直面している機会や制約に応じて組み合わせよう。そうした生成的会話の構築手法については、『対話型組織開発』の第9章でヤコブ・ストーク（2015）が詳しく説明している。

生成的変革プロセスを導入するとき、私はクライアントに次のように説明する。「理想的なのは、組織全体を数日休業にして、全員が同じ部屋で過ごすことです。もしそれが無理でも、できる限りのことをしましょう」。私が模索するのは、組織活動の自然な動きと連動する方法である。CCMSの事例では、多数の重要なステークホルダーが参加するミーティングを四半期ごとに開催していたので、そのミーティングを再構築して改革に向けた生成的会話の場を作ることは容易だった。デザインにあたっては、まずグループ間でミラー・エクササイズ（Black, Shepard & Mouton, 1964）の手法を取り入れた意見交換を行い、次にオープンスペーステクノロジー方式の対話を実施した。

私は、「変革が必要な人には、例外なくそのミーティングへの参加を呼びかける必要がある」という信条を持っている。必ず出席しなければならないという意味ではないが、生成的変革の基本前提として、変革を迅速に進めるためには、より多くのステークホルダーがエンゲージメント・イベントに加わる必要がある。だが参加を義務づけられれば、本人が変革の目標に興味や関心があるかどうかわからない。最悪なシナリオは、ステークホルダーがパーパスに反対し、イベントの妨害を働きかけることである。自由参加にすれば、参加者全員が前向きに取り組む可能性が高くなる。無関心なグループは多くの組織に存在するものだ。人々の関心は、組織内の冷ややかな態度の多寡、定年退職までの年数、変革のパーパスそのものの魅力などさまざまな要因に左右される。すべてのスタッフが、変革の実現に意欲的である必要はない。前向きな人たちと取り組み、クチコミの影響力を信じればよい。参加者にとってプラスになる経験が得られれば、その経験がクチコミで広がり、関心は高まる。

CCMSの事例でも、マネジャーをはじめとする14名の参加は自由だった。だが、四半期ごとのミーティングに対する期待は強く、結果的に全員が参加し、変革プロセスへの関心の高さを物語っていた。エンゲージメント・イベントを定期的なイベントに組み合わせると、変革に関心のないメンバーが参加するというリスクはあるが、幸いCCMSの事例ではそれは起こらなかった。

一方で、主要な人物やグループに参加してもらわなければ、成功が期待できない事例も多い。資金や人材の権限を握る人物、組織プロセスを掌握している人物、反対されればアイデアを実現できない人物などである。絶対に避けなければならないのは、エンゲージメント・イベントを開催し、参加者に期待を持たせて変革への機運を高めておきながら、変革の内容を理解していない、あるいは支持していない幹部によって、その機運が台無しにされることである。エンゲージメント・イベントの目的、そのカギを握るステークホルダーは誰か、そして彼らが提案しそうなアイデアについて考えよう。その上で、彼ら以外に誰の支援が必要か考えてみる。支援してもらわなければならない人たちが特定できたなら、イベントへの参加を勧めるだけでなく、生成的変革プロセスについて説明し、なぜ彼らの協力が成功に不可欠なのかを理解してもらう。できればそうした人たちにもエンゲージメント・イベントに関心を持ってもらい、出席してもらえるように日程調整するのが望ましい。CCMSの事例では、チャーリーの上司などCCMS以外のメンバーでCCMSとの関係が強く、イベントの計画段階で考慮すべき人物について、ロビンは早い段階でマネジャーたちに確認していた。その結果、CCMSは極めて独立性が強く、他者の了承がなくてもグループ内で変革を推進できることがわかった。しかし、外部のグループからの参加が必要な事例では、そのグループの適任者にイベントの共催を呼びかけるか、両グループが最終的に報告する上司がスポンサーであることをしっかりと確認しておく。そうした立場にある人物に生成的変革モデルを理解してもらい、目指すべき目標やプロセスデザインを承認してもらわなければならない。

エンゲージメント・イベントの創造性や革新性を高める重要な要素は、参加者の多様性である。これまで多くのイノベーションを生み出してきたのは、組織に対する発言権や影響力の小さい末端の人たちなのだ。多様な意見の人たちが切磋琢磨してこそ、新たなアイデアが生まれる。参加者が主体となって全体の内容や構成を決めるオープンスペーステクノロジーの手法は、信じられないほど斬新なアイデアを生み出す場合もあれば、成果がほとんど得られない場合もある。その違いは、現場の「熱量」に左右されるところが大きい。熱量が大きいほど革新的なアイデアが生まれやすい。ハリソン・オーウェン（2008）は、オープンスペーステクノロジーがうまく機能するための要件として、参加者が関心を持つパーパス、衝突、情熱、切迫感、見解の多様性、自主的な参加を挙げている。ステークホルダーの間に変革に対するエネルギーや願望があふれていれば、イベントに詳細な構成は不要である。逆に緊急性や情熱を感じにくければ、多少計画が必要だ。いずれにしても何か新しいものを生み出すためには、多様な意見を取り入れ、関心のある人たちに参加してもらうことが必要だ。

転換的変革のための3要件を組み入れたエンゲージメント・イベント

エンゲージメント・イベントの構成と進行では、何が生産的な変革につながるのかを考える必要がある。次に説明するのは、マーシャクと私が、対話型組織開発の成功に不可欠だと考える3つの要件である（Bushe & Marshak, 2014）。

ステークホルダーの関心を引き、新たな発想や対話につながる生成的イメージ

生成的イメージについては第2章で取り上げ、「ストレスのない顧客サービス」を成功例として説明した。本人や関係者のために、誰もが受け入れられる目的であった。魅力的であり、具体的な実現手法を誰も知らないので、スタッフは協力してこれを解明しようとした。そこから1年半にわたり、中央倉庫スタッフと地域倉庫スタッフは、出荷と入荷のすべての作業の変容に積極的に取り組んだ。「パーパスの達成に向けて協力する」という精神がトップからボトムまで浸透していた。

物事の捉え方の非連続性と、パーパスを追求する主体的取り組みの支援

非連続的思考は、転換的変革には欠かせないものだが、安定性と予測可能なパフォーマンスの維持が責務のマネジャーにとっては、難しい課題となり得る。非連続性には失敗の印象があり、非連続性という言葉そのものが圧力やネガティブな感情、対立をイメージさせる。しかし、必ずしもそうなるとは限らない。たとえばインスピレーションも非連続的な思考とみなしうる。アプリシエイティブ・インクワイアリー（肯定的な質問で潜在的なポテンシャルを引き出す手法）が成功する理由の1つは、長所や強みに注目することが、従来短所や弱みに目を向けてきた組織においては、相当に非連続的であるためかもしれない。そもそもスタッフが満足していないシステムにおける非連続性は、それによって希望が生まれるならば決して不愉快なものではない。

対話型組織開発の理論的根拠の1つは、複雑性の科学であり、システムの自己組織化や、あるいは発現すなわち自然が変化する方法（Holman, 2010）といったものに関する学びがその根底にある。私のこれまでの経験からすると、人間は常に自己組織化に向かう存在だが、環境を適切に整えなければ、多くの場合自分自身や自身が共感するグループの利益を守る

ように自己組織化するものである。つまり、さまざまなグループに所属するメンバーを一つの場所に集めて日常的な相互作用から切り離すだけでは、いずれ元の状態に戻り、自分自身のグループの利益と意図を守り伸ばす方向で再組織化してしまう。しかし、真に共通のパーパスを持ってさえいれば、別々のグループから集まったメンバーであっても、全体の利益になるように行動する。同じように参加者全員が関心を持つパーパスを設定し、それを中心に生成的会話を進めることができれば、生成的変革プロセスは機能する。

CCMSの事例では、組織内のほかのグループの現状について聞くことが、日常的思考から一度離れることにつながり、意欲的な取り組みやコミュニケーションのきっかけになった。ほかのグループが自分たちのストレスを軽減できる方法、特に自分たちがほかのグループのストレスを軽減できる方法についての議論は、各グループにとって日常的思考から離れるものだった。とりわけ後者は議論したことのないテーマだったので、いっそう非連続的な性格が強かった。ただし問いかけは、マネジャーたちが改善したい点（どうすれば互いのストレスを軽減できるか）がテーマになるようにデザインされたものであったことに留意したい。「どうすれば互いのグループにとってストレスになるか」という問いかけも同様に有効なエクササイズとして用いることもできたであろう。計画的組織開発における「診断」プロセスでは一般的に用いられる手法である。だが望ましくないことに注目すると、生成的要素が減り、アイデアも生まれにくく、豊かな思考や会話につながらず、新たなアイデアを行動に移す意欲も低下するというデータもある（Bushe & Paranjpey, 2015）。グループとして問題点や短所およびその原因に目を向けるのが適切な場合もあるが、将来のあるべき姿にも注目し、変革の次のステップとなる主体的な探索への活力にしたいところである。

物事の捉え方に対する核心的ナラティブの変化

物事の仕組みや、その根拠に関するストーリー、つまりナラティブは、すべての組織に存在する。個人にも自分自身や他者に関するストーリーがあり、それを基準に何が起こっているのかを判断する。組織においても、共通のストーリーを使ってリーダーの意思決定や行動を理解している。たとえば新たなアウトソーシングに向けての動きに対して、スタッフが成功につながる賢明な判断と感じるか、みずからの業務にとっての脅威と感じるかは、リーダーの意図について当人が抱くストーリー次第である。そのためA社で成功したイノベーションをB社に転用しても、ほとんど同じ結果にはならない。計画的組織開発にくらべて生成的組織開発がより多くの変革につながるのは、生成的変革はストーリーに対峙するものではなくストーリーを取り込むものであるためである。リーダーたちが核心的なストーリーを認識した上で変えようとしなければ、計画的組織開発は機能しにくいというデータもある（Hastings & Schwartz, 2019）。

期待を言葉にしていくことで、ナラティブは社会生活を安定させる強大な力を持っている。私たちの考えや行動は、実際、自分自身が将来の姿をどのように考えているのかによって変わる。つまりスタッフの仕事に対する向き合い方を変えようと思えば、物事に対する見方を変える必要がある。「マネジャーが判断し、部下は言われたとおりに行動する」組織においてスタッフの意欲や適応能力を高めるためには、そのストーリーを変える必要がある。従来のストーリーを変えるには、それに代わる新たなストーリーを発表するのではなく、行動を変えることだ。

ＣＣＭＳグループの事例でも、第１回エンゲージメント・イベントの最後には、核心的なストーリーに変化の動きが見られた（詳細は次章で説明）。誤解が解け、個人および組織の成功に向けた個人の責任感を燃え立たせた。成り行きを見守る姿勢も多かったが、本当に現場責任者やスタッフの取り組みが支援されるのだろうかという懸念は、完全に払拭された。これからご覧いただくとおり、支援は実現した。マネジャーたちは成功を足がかりにしながら失敗から学び、組織の機動力と適応力を高めた。冷ややかだったストーリーも、希望やプライドのストーリーへと変化した。

ファシリテーターではなく、場のホスト役として

ファシリテーター、すなわち進行役は、人々のグループが効果的に共同作業を行えるよう、会話を導き、質問を投げかけ、広く参加を促し、アイデアを把握し、グループ作業のプロセスを提案し、グループ全体を率いていく。通常、議論される問題に個人的な関心を持たないため、グループ全体が満足するような結果につながるよう議論を導くことができる。

しかし、そうした議論の誘導は、生成的会話を損なうものではないかとする考えもある（Goppelt & Ray, 2015; Zubizarreta, 2014）。たとえばコンサルタントがメンバーの前に立ち、その発言をボードに記録していると、メンバーの注目はコンサルタントに集まる。それではステークホルダー同士の議論にならず、ステークホルダーがコンサルタントから求められていると考える意見を述べる場になってしまう。その結果、ありきたりの発言や正論、抽象論ばかりとなってしまう。仮に膨大な意見が得られたとしても、行動の変化につながることはほとんどない。もしメンバーが、メンバー同士でなく自分に話しかけてくるようであ

れば、何かが間違っているのだ。

それに対して「場のホスト役」という言葉は、ミーティングを別のアプローチで進めるときに広く使われている用語である（McKergrow & Bailey, 2014）。その役割は、参加者が新しく充実した会話ができるようサポートする受け皿を提供することだとされている（Bushe, 2010; Corrigan, 2015）。通常、進行役が置かれることはない。その理由の1つは、大規模なミーティングでは複数のファシリテーターが必要になるからだ。エンゲージメント・イベントは、こうした形式に代えて、少人数のグループで主体的に議論できるようデザインする（Weisbord & Janoff, 2007）。構成がどの程度必要になるかは、グループの性質、規模、課題に関する参加者の理解の度合いによって異なる。作業手順を記したワークブックを作成して、少人数でのグループ討議の糸口や質問を提供することも珍しくない。一般的に生成的会話では、次のような展開を想定して人々が取り組む一連の活動を構成する必要がある。

1. 参加者は、なぜ自分が参加しているのか理解しているだろうか？　理解していない場合はそのためのプロセスをデザインする。
2. 参加者は、本当に考えていることや感じていること、望んでいることを前向きに発言できているだろうか？　できていないようであれば、そう思えるようプロセスをデザインする。その際に大切なのは心理的安全性の確保である。過去に不信感を抱くような経験がなかっただろうか？　あるとすれば、それに適切に対処する方法を検討する。

3. 参加者たちは、実践的な新たなアイデアやイノベーションを生み出すために必要な知識や情報を得ているだろうか？　必要な知識や情報が得られていない場合には、それが得られるようプロセスをデザインする。

4. すぐれたホスト役に求められるのは、参加者の意欲への配慮と、想定外の事態が発生した際に臨機応変にプロセスをデザインし直す能力である（Bushe, 2010）。ただし、探索プロジェクトにつなげるためには、参加者が関心のあるグループをみずから選択できるよう、あらかじめ自然な道筋をつけておかなければならない。

生成的な会話のためのチェックリスト

□参加者が関心を持つ明確なパーパスがあり、対象領域内のことがらとそうでないものを明確に識別できている。
□参加者が必要に応じて動き回れるスペースがある。
□主要なスポンサーが参加し、イベント開始時に目標とプロセスを説明し、質問に対応する。終了時に探索プロジェクトの報告を聞き、祝福する。最初から最後まで参加できればなおよい。
□メンバーが参加理由を理解し、考えを発言でき、実践的なアイデアを生み出すために必要とする情報はすべて入手できることを確実にするようイベントをデザインする。
□参加者がスタート、中間、終了の感覚を持てるような進行で、参加者が望む生産的な会話を持てるようイベントを構成する。
□長くて手間のかかるレポート提出に代えて、進捗状況を大人数で確認できる機会を作る。
□互いを詳しく知らない参加者たちが、自分と同じような関心や意欲、アイデアを持つ人たちを探し出し、共同で探索プロジェクトに取り組めるようにする。
□自身の考えに基づいて行動するという意欲を支持し増幅する何らかの方法が設けられている。

第4章

Launch

自発的な
探索プロジェクトを立ち上げ、
行動しながら学ぶ

エンゲージメント・イベントから1週間後、ブレンダおよびロビンを含めたマネジメントチーム会議が開催された。ミーティングの雰囲気は活力にあふれていた。

チャーリー「最高だったよ。会場が信じられないぐらいのエネルギーにあふれていました」

マーティー「すでに話題になっていますよ。翌日、発注・スケジュール管理オフィスの人々から、出席できずに残念だったと言われ、いつイベントに参加できるのかと聞かれました」

エスター「違うグループの人々が一丸になって取り組む姿を見ることができて、素晴らしかった。ちょっと雑然としていましたが、そういうわけでもなく。最初は尻込みしていたメンバーも、時間が経つにつれて自分が入りたいグループに移動していって、ほぼ全員が夢中になって参加していたと思います」

チャーリー「あのイベントから生まれたパイロットプロジェクトは13件ですよ！ そんなに多くなると思っていませんでした」

ウォリー「そうですね。終了時にすべての進行状況を記録するのが大変でした」

ロビン「だから『トラッカー』が必要なのです。ブレンダ、すべてのパイロットプロジェクトとそのリーダーを記録できましたか？」

ブレンダはリストを配布し、翌週にはすべてのリーダーに連絡して、それぞれの戦略と次の計画をある程度把握する予定だと説明した。

チャーリー「ベティ、アリス、モー、ハーブのグループの様子を見ましたか？彼らの話によると、納入業者が部品を出荷するときの標準パッケージが変わっているのに、私たちはカタログを更新していません。そのため、たとえば担当者が125個入りだと思ってボルトを発注すると、実際には120個入りなので、発注を受けた倉庫スタッフが別のパッケージから部品を5個調達して出荷しているそうです」

エスター「そうなんです。そうすると、115個しか入っていない箱を、倉庫に戻すことになります」

チャーリー「そうです。しかも発注サイドは125個も必要がない。でもそれが標準パッケージだと思って注文しているのです」

ブレンダ「金曜日の朝からベティが状況を調べ始めると、チェックしたアイテムの半数以上でカタログと実際のパッケージの個数が一致していなかったそうです。HVMのチェック終了後、残りのアイテムを調べるそうです」

マーティー「だから金曜日にオフィスで見かけたとき泣いていたんですね」

エスター「その点が改善されるだけでも、発注の正確性や注文品を選ぶためにかかっている時間が大きく変わります」

ウォリー「素晴らしい。でも、ほかのパイロットプロジェクトの進捗状況はわかりません。イベント終了後、次はどうなるのだろうと戸惑っているスタッフもいました。『とりあえずやってみよう』と言われることに慣れていないので、どうすべきかわからないのです」

そこから話題はエンゲージメント・イベントのよりよい終わり方についてへと移り、次回は全マネジャーが待機する「コーチコーナー」を設けることとなった。パイロットプロジェクトを実施したいグループは、マネジャーたちに計画を説明してコーチングを受ける。そうすることでより確実性が増し、パイロットプロジェクトの立ち上げとコミットメントのプロセスを助けると同時に、マネジャー側の理解も進み、サポートしやすくなると考えたのである。

エスター「標準パッケージのように、スタッフ自身が対処できるパイロットプロジェクトもありますが、中には大きな問題もあります」

ウォリー「イベントの場にいることができてよかったです。スタッフは真摯に参加したと思う。ただ同時に、私たちが一歩踏み込んで、彼らが責任を持つように関わらないと、いずれ活気がなくなり、結局何も起こらないのではないかと心配しています」

ロビン「パイロットプロジェクトの推進力の低下に対する懸念は、確かにそのとおりだと思います。私たちにとって重要な課題の1つは、いかにプロジェクトを追跡し、サポートし、素晴らしいアイデアを大切に育てて日常業務として定着させるかということです。ただ、ここでマネジャーがこの試みをプロジェクト化し、スタッフに責任を負わせて約束を果たすよう関わると、先週の大規模ミーティングで作り上げた活気や善意は失われてしまいます。大切なことは、パイロットプロジェクトの担当者との面談において『マネジャーに物事を報告し、指示を仰ぐ』という雰囲気を避けることです。むしろ共に戦う同志のように円陣を組み、戦闘の状況を議論し、次の動きに向けた作戦を練るべきです」

マーティー「スタッフの行動を監督しないとすると、どのように推進力を維持できるのでしょうか？」

チャーリー「すでに公表できる成功事例がいくつかあります。標準パッケージのほかにも、アンディーは問題ある契約先との関係を劇的に好転させています。契約先は、私たちが先方に出向いて当社システムの利用方法を教える提案を本当に喜んでいます。アンディーのこれまで2回の訪問で、すでに6カ月分の在庫を一度にまとめて発注することを止めさせ、1回あたり数週間分にまで減らすことができました」

マーティー「おかげで私たちの供給量の変動も抑えられます」

このやりとりは、パイロットプロジェクトの成功を祝い、その推進力を維持するにはどうしたらよいかという議論につながった。パイロットプロジェクトで何が起こっているのかをCCMSの他のメンバーに伝え、定期的なコミュニケーションを取る方法について意見が交わされた。コンソリデーティッド・コンストラクション社には「褒める文化」がなく、その文化を変えるには多少の労力が必要という点で、彼らの意見は一致した。

ウォリー「私たちが避けたいのは、物事を始めても終了しないというのがいつものパターンです。パイロットプロジェクトのリストを減らして、完成できることに注力すべきです」

ロビン「生成的変革は、うまくいくものを機能させ、うまくいかないものは機能させないという考え方です。素晴らしいアイデアにはおのずと支援が集まり、人も自主的に集まります。そうでないアイデアには、支援も人も集まりません」

チャーリー「私たちは、パイロットプロジェクトのリーダーとして手を挙げてくれた人に、やはりあなたに任せたくないと言うべきではないと思います。その一方で、彼らが成功できるよう必要なものを持っているかどうか確認する必要はあると思います」

ロビン「そのとおりです。だからパイロットプロジェクトに何が起こっているのか、人々が何を必要としているかを、定期的に報告してくれる『トラッカー』が必要なのです」

エスター「そうですね。でも、ＨＶＭの出荷業務を１日で終えるなんてことがはたして可能でしょうか」

チャーリー「しかもよりによってマイク・キャディーがそれを提案するなんて」

そこで出荷業務、すなわち地域倉庫の担当者が資材を発注してから資材が中央倉庫を出庫するまでの業務にかかる日数を、現在の３日から１日に短縮することが可能かどうかについて長い議論が交わされた。ＣＣＭＳで40年の業務経験がある白髪まじりのマイク・キャディーは、かなり冷ややかな態度を見せていたのに、いったいなぜ彼がそんな提案をしたのだろうか。新しい変革プロセスなど役に立たないと示したかったのだとか、パイロットプロジェクトを単に成功する必要のない学びの機会として受け入れたのではないかといったさまざまな臆測が飛び交った。マイクが提案したパイロットプロジェクトを真剣に受け止め資源を投入するべきか、あるいは無視して静かに消えていくのを待つべきかをめぐり、多くの意見が交わされた。

マーティー「この会社では、数字へのこだわりが強く、議論の中心になるのは常に数字です。出荷にかかる日数を1日にはできないかもしれませんが、今より短縮することはできるはずです」

ロビン「私が考えるに、マイクが対処しようとしているのは、そしてご承知のとおり、彼の仲のいい同僚であるジョー・クリンジもグループの議論に大きく関わっているのですが、地域倉庫の担当者が前回の注文品がすべて届いているかどうか知る前に次の発注をしなければならないということだと思います。この点は担当者にとって強いストレスになっていて、彼らは制度をうまくすり抜けようとあの手この手を考えています」

次いでマネジメントチームの会話は、なぜ発注がスムーズではないのか、現行のＩＴシステムはどのように対処しているのか、なぜそれが倉庫担当者の混乱とストレスの要因になっているのかといった点に話題を移した。マネジャーたちは、手作業で問題を解決する実践的な方法はなく、また更新を予定しているＩＴシステム（時期は未定）を修正する資金もないということで意見が一致した。

チャーリー「この（パイロットプロジェクトの）リストを見ると、最も難しくて手間がかかるのは、次の４件です。どれも自分たちだけで変えられるものではありません」

- 入荷待ち対応プロセス
- 24時間以内の出荷
- ＨＶＭの受注スケジュール
- 受注品を正確かつ時間どおりに発送

エスター「そうですね。それらは、すべて関連しています」

ウォリー「しかも、誰も独力では解決できません」

ロビン「おっしゃるとおりです。次のエンゲージメント・イベントを開催する価値があるのではないでしょうか？」

チャーリー「ぜひそうしましょう」

マネジメントチームは、正確性と定時配送、入荷待ちの問題にはいくつかの関連性があり、それらが先述の4件のパイロットプロジェクトのそれぞれで見られることを特定した。マネジメントチームは、4件のプロジェクトのリーダー全員に次のエンゲージメント・イベントの企画チームに加わってもらうことにした。また、チャーリー、エスター、ロビンにイベントを企画し、30日以内に終了するように委任した。ほとんどの変革は中央倉庫の担当者に求められるものだが、マネジャーたちはイベントに参加すべきその他のスタッフについて議論した。問題の解決策に影響を与える可能性のある社内の他のグループとの関係や、それらグループとの最善のコミュニケーション手法、協力方法についても話し合った。その結果、問題解決に関係しそうなマテリアル・サプライ社内外のグループを特定し、任意参加を呼びかけることになった。参加を任意とすればエネルギーとやる気のある人だけに参加してもらえるからだ。

ロビンは、次にチャーリーやエスターと会った際、「エンゲージメント・イベント」に代わる、よりよいネーミングを探そうと提案した。エンゲージメント・イベントは一般的にすぎ、力を感じないからだ。その後、マネジャーたちは数週間にわたって話し合いを行い、デザインチームと協議の上、仲間たちが参加するワークショップという意味を込めて「クルーショップ」への改称を決めた。「クルーショップ」は、CCMSにおける変革を語る象徴的な言葉となり、名詞としても（「クルーショップを開催しよう」）動詞としても（「クルーショップする必要がある」）広く使われるようになった。

ロビンが進行役となってデザインチームの第一回ミーティングが開催された。チームは業務システムのあるべき姿に関する共通マップを作成した。タイムリーで正確な資材の配送に関係するさまざまな活動やグループをフローチャートにまとめたものである（図4参照）。デザインチームは、プロセスには半ば独立した4つの部分があり、それぞれについて異なるグループが多かれ少なかれ関与していると判断した。そのため、それらの異なる部分ごとにエンゲージメント・イベントを開催するのが理にかなっていると考えた。

1．現場の発注とピッキングスケジュール：正確で一貫性のある時間どおりの発注と、HVMの明確な納入スケジュールをいかにして確保するか？

2. 出荷と現場の受け取り：HVMの出荷と受け取りを正確かつ時間どおりに行うにはどうしたらよいか？

3. 入荷：資材の補充を正確かつ迅速に行い、補充の状態を可視化するにはどうしたらよいか？

このほか右記と並行して、また右記への対処後に取り組むべき課題として次が挙げられる。

4. 入荷待ちの可視化：入荷待ちにはどのようなパターンがあるか？ また入荷待ちの原因、補充予定日、対処方法を誰もが把握できるようにするにはどうしたらよいか？

デザインチームは、クルーショップでまず一日をかけて前掲の第1の問題を中央倉庫と地域倉庫の担当者の参加のもとで話し合うべきだと考えた。2日目は、その内容を受けて午前中に中央倉庫の出荷担当者全員とその他の業務グループの代表者が第2の項目について検討を行い、午後には第1、第2のクルーショップで提起された問題とともに、第3の項目（入荷）について議論する。これには入荷担当者全員と他の業務グループの代表者が参加する。またこの他のグループについても希望者が出席できるよう参加を募る。クルーショップの運営をどう調整するかについては、出席希望者の人数をふまえて詰めることになった。

デザインチームの2回目のミーティングでは、「地域倉庫が次のHVMの発注を行う前に確実に受注を受けられるようにする」というテーマについて関係者全員が気にかけていることが確認された。またチームは倉庫に焦点を当てたセッションは倉庫で開催することにしたいと考えた。そうすれば実際の現場で解決策をデザインし、原案を作成することが可能となる。前例のない取り組みだったため、ロビンとエスターは倉庫内を歩いて回り、参加者全員が集まって小グループのミーティングを行えるようスペースを調整する方法を見出した。

特に半日のクルーショップを効率的に行うために、デザインチームでは参加者が取り組みたいと思う可能性の高い問題を事前に特定し、クルーショップ当日に問題の特定に時間を費やす必要がないようにした。また希望があれば問題を追加することもできるようにした。

チャーリーは、第1回のクルーショップに地域担当マネジャー全員と地域倉庫担当の参加希望者6名を招待したほか、中央倉庫のスタッフからも希望があれば参加できるように

図4 | CCMSのワークフローとクルーショップで確認されたグループ分け(太矢印はプロセス上の課題の存在を示す)

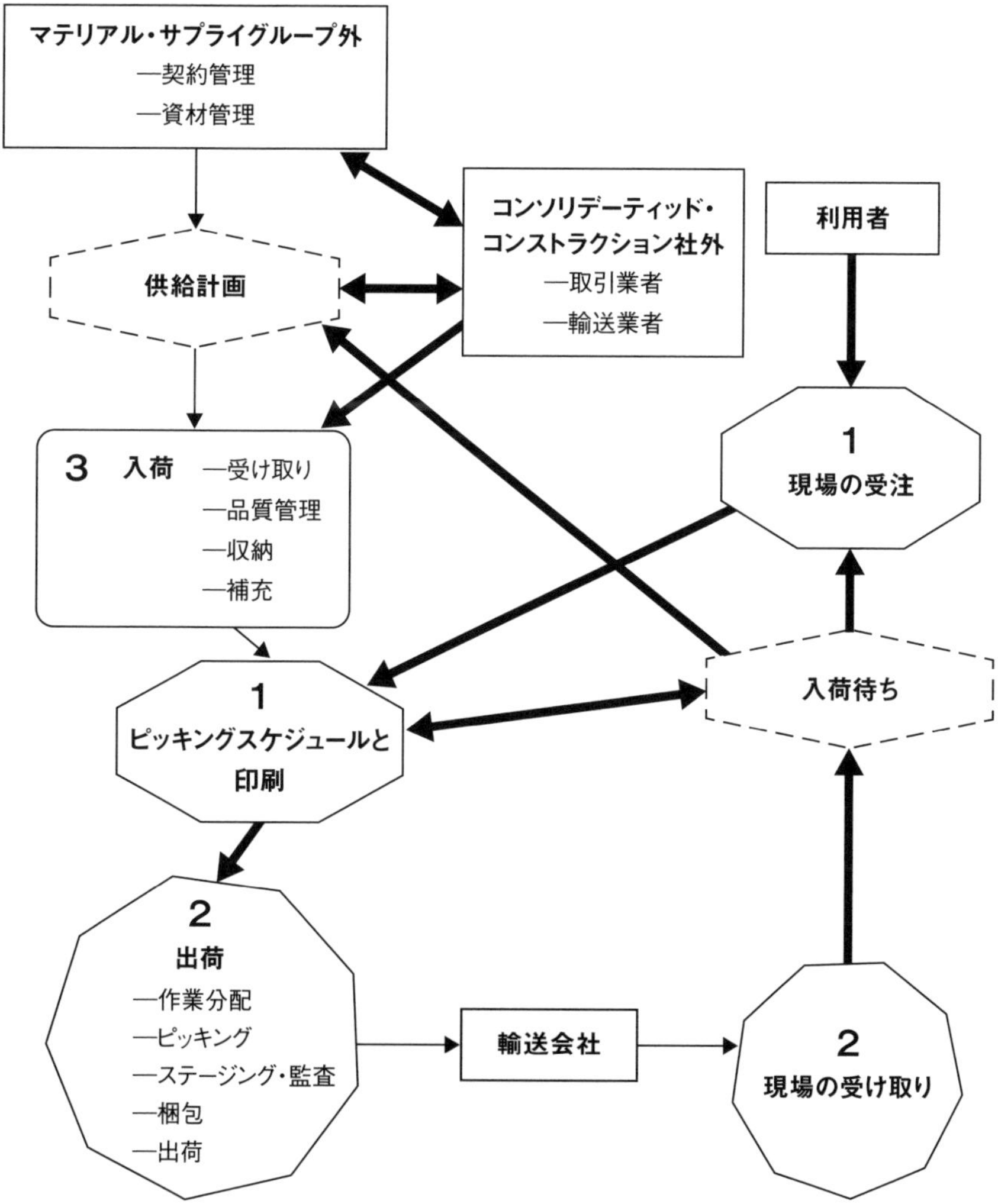

		・受注と発送のスケジュール ・入荷待ち対応 ・HVMの発注 ・標準パッケージの発注 ・資材出庫請求の承認
11:00	**20分**	問題の定義(ステートメント)を報告。重複があれば統合し、いくつかのステートメントに整理する。
	5分	解決策の基準、パイロットプロジェクトのガイドラインを説明(チャーリー) ・人員を増やさない ・既存のシステムを活用する ・他の顧客ニーズに対応し続ける ・ストレスを軽減し、誰のストレスも増やさない
11:30	**75分**	パイロットプロジェクトのプロセスを説明(ロビン)。グループを少人数に分割してもよいことや、「二本足の法則」について説明する。1時半までに提案をまとめること、昼食をとりながら作業してもよいこと、ランチタイムは30〜45分とすることを伝える。各自が解決策を探りたいステートメントの所に移動する。
12:30頃	**45分**	ランチタイム。好きなときに食べられるようにビュッフェ形式
1:30頃	**45分**	フリップチャートに解決策を記入。参加者各々がフリップチャートを読んでまわり、気に入った点、懸念や提案などを付箋でコメントする。
2:15頃	**60〜90分**	各グループで参加者のコメントを検討し、解決策を見直し、行動計画を策定する。
3:00頃	**60分**	コーチコーナーを開設。準備ができたグループから順にパイロットプロジェクトについて説明し、何が必要かを明らかにし助言を受ける。
4:00頃		終了

表7｜HVMの出荷デザイン　クルーショップ1日目

9:00	5分	開会と歓迎のあいさつ(チャーリー)。本日の目的。
	10分	HVMについて。マネジメントによる議論とHVMを選んだ経緯を説明、処理の多くを占める素材のデータを示す(チャーリー)
	10分	前回のエンゲージメント・イベントの結果を説明。パイロットプロジェクトの進捗・終了状況を報告(チャーリー)
9:30	15分	現行システムの能力の限界について。現行のITシステムの問題と限界について明らかにし、大規模なリニューアル計画がありながら数年来実現していない状況を説明(マーティーとブレンダ)
	10分	クルーショップの原則と初日スケジュールの概要。現場の垣根を超えて協力し最前線で問題を見つけ出し、アイデアとエネルギーを持つグループが解決策を追求する取り組みであることを説明(ロビン)。あらゆるアイデアが検討対象であり、パイロットプロジェクトとしてみなされることを説明。また、クルーショップの目的に集中する必要性を強調し、パーキングロット(アイデアを投稿するスペース)の使い方を説明。
10:00	10分	クルーショップで取り上げる問題を説明し、ほかに考慮すべき問題がないかたずねる(エスター)。誰からも提案がなければ参加者は取り組みたい問題ごとに分かれ、解決策が必要な問題を1～3項目に絞り込む。解決策を見つけ出すのではなく問題をできるだけ明確に表現する。
	40分	各問題を記載したフリップチャートを室内に点在させて貼り出し、各々が取り組みたい課題に集まってもらう。多数の参加者が集まる問題もあれば、誰も関心を持たない問題もある。参加者は各問題について共通の定義を設定する。下記はあらかじめ設定した課題である。 ・受注の優先順位づけ ・需要の平滑化

した。また、ピッキングスケジュールチームのマネジャーと現場責任者のほか、初めに参加を希望した担当者5名を招待した。このほか出荷と入荷の現場責任者、調達担当者2名、全マネジャーが参加した。会場は、中央倉庫に近いコンソリデーティッド・コンストラクション社のビルの大会議室で開催された。

6つのパイロットプロジェクトが生まれた。そのうち2つのプロジェクトは、その後のクルーショップの展開を待つかたちとなった。

翌日の朝、中央倉庫の出荷業務を休止し、すべての出荷担当スタッフ、地域担当マネジャー、参加を希望した地域倉庫スタッフと入荷担当スタッフが倉庫フロアの上にある会議室に集合した。そこで地域倉庫の現場責任者が、最終発注の内容を確認する前に週の発注作業を行わなければならないため、現場はストレスを感じていると説明した。情報とシステムに関する複雑な問題が明らかになり、ほかの全員も「入荷待ち問題」によるストレスを抱えていることがわかった。続いて出荷の専門家であり、24時間以内の出荷を実現するプロジェクトのリーダーであるマイク・キャディーが、HVMの24時間以内の出荷が可能な理由を説明し、実現すればすべてのスタッフのストレスが解消されるだろうと述べた。その後、全員で広い地下空間に移動し、壁面に掲出されている事前に選ばれた問題のなか

表8｜HVMの出荷デザイン　クルーショップ2日目午前(出荷)

8:00	5分	開会と歓迎のあいさつ(チャーリー)。本日の目的。
	10分	HVMについて(チャーリー)。
	10分	前月の第一回イベントの結果を説明。パイロットプロジェクトの進捗・終了状況を報告(チャーリー)。
	15分	前日の結果の報告。今日の行動に影響しそうなパイロットプロジェクトの説明(エスター)。
8:40	10分	クルーショップの原則と午前中のスケジュール概要(ロビン)。
	15分	なぜこの目標かを説明(地域担当マネジャーとマイク・キャディー)。
	10分	課題リストの説明(エスター)。
	5分	パイロットプロジェクトのプロセスと解決策の基準について説明(エスター)。 ・人員を増やさない ・既存のシステムを活用する ・他の顧客ニーズに対応し続ける ・ストレスを軽減し、誰のストレスも増やさない
9:30	60分	参加者各自が解決策を探りたいステートメントの所へ移動する。グループを少人数に分割してもよいことや、「二本足の法則」について説明する。解決策を発表できるよう準備する。8つの課題のなかで参加者が関心を持ったのは次の5項目だけだった。 ・HVMの特定とステージング ・HVMのピッキングの正確性 ・倉庫担当者が収納しやすい梱包 ・ピッキング終了後の物理的な欠品を倉庫担当者へ伝達する ・現行の資源でHVMのピッキングを3日から1日に短縮する
10:30	30分	グループごとに解決策を発表。それに対して参加者はコメントを記入する。コメントは回収し各グループにフィードバックする。
11:00	20～30分	再びグループごとに集まりフィードバックを検討。パイロットプロジェクトを改良して次のステップを計画する。
11:15	45分	コーチコーナーを開設する。
12:00		終了

から、自分自身が取り組みたいものを選んで、グループが結成された。

倉庫内のエネルギーは頂点に達していた。参加者たちは思い思いに集まって会場内を歩きながら、HVMの出荷にかかる時間を24時間以内にするという目標の達成に向けて、あらゆる業務をいかにして再設計できるかを確認していた。無関心で冷ややかな態度に見えた従業員が熱心に参加している様子にマネジャーたちは驚きを禁じ得なかった。質の高い6つのパイロットプロジェクトが生まれ、うち1つのみが他グループの影響を受ける内容であった。全員にピザランチが用意され、入荷担当者がふらっとやってきて加わり、前向きなエネルギーを感じることができた。

午後のセッションも高い参加意識の中で速やかにスタートした。相手グループよりすぐれた提案をしようという競争心が参加者をいっそう駆り立てていた。

5つのパイロットプロジェクトが生まれた。これまでのプロジェクトとあわせて合計17件となり、HVMの24時間以内の出荷に向けた充実した取り組みがみられた。

その後の数日間、マネジメントチームや一部のスタッフは、いささか舞い上がって高揚していた。誰もがあの日起きたことに感動しているようだった。中央倉庫の現場責任者であるマイク・キャディーは、1日以内の出荷を提唱しマネジャーたちを驚かせたが、話を

表9 | HVMの出荷デザイン　クルーショップ2日目午後(入荷)

12:30	**5分**	開会と歓迎のあいさつ(チャーリー)。本日の目的。
	10分	HVMについて(チャーリー)。
	10分	前月の第一回イベントの結果を説明。パイロットプロジェクトの進捗・終了状況を報告(チャーリー)。
	10分	前日と午前のセッションの報告。今日の行動に影響しそうなパイロットプロジェクトの説明(エスター)。
	10分	クルーショップの原則と午後のスケジュール概要(ロビン)。
	15分	倉庫業務のベストプラクティスの紹介(マーティー)。
1:30	**5分**	パイロットプロジェクトのプロセスと解決策の基準について説明(エスター)。
	25分	参加者は、資材の受け取り、資材の収納の2つの項目のいずれかで、自身が取り組みたいと思うテーマに移動する。それぞれのグループで課題を特定し優先順位を決める。
2:00	**20分**	グループごとに課題とそれらの優先順位を発表する。その後全体で議論し、2つのグループで重複する問題を特定し、いくつかの課題に整理する。
3:00	**30〜45分**	参加者は取り組みたいと思う課題ごとにグループを作り、パイロットプロジェクトを考案する。
3:45	**45分**	コーチコーナーを開設する。
4:00		終了

聞こうとする人には誰に対しても「これがそのマネジメント方法です」と言って自身の考えを説明した。

1週間後、エスターは次のメールをCCMSのチーム全員に送信した。

みなさん　こんにちは

私たちの業務において、「ストレスのない顧客サービス」を実現するために行ってきた取り組みについて広くお伝えしたいと思います。これまでに4回にわたりクルーショップのセッションを実施し、そこから19件の独自のパイロットプロジェクトが誕生しました。これはかなりの成果と言えるでしょう。

ここまでの道のりを振り返ると、1カ月あまり前に最初のクルーショップを開催して以来、マテリアル・サプライグループのさまざまなセクションから約100名が何らかの形で参加し、HVMの資材を常に適切な場所に適切なタイミングで届けられるようにする方法についてアイデアを出し合ってきました。あらゆる階層のスタッフがみずから改善につながると考えるパイロットプロジェクトを提案しています。これらのパイロットプロジェクトの一覧を添付にまとめました。またプロジェクトの進捗状況を追えるように、イントラネットサイトも開設しています。下記をご覧いただければわかるように、みなさん全員がパイロットプロジェクトの実現に向けて、懸命に取り組んでいます。

今週初め、ブレンダと私は出荷と入荷に関する「HVMクルーショップ」のパイロットプロジェクトのリーダーたちに会ってきました。プロジェクトのこれまでの進捗と次の動きを把握するためです。

この1週間の各パイロットプロジェクトの進捗状況は、次のとおりです。

ヴェラ・サルコヴィッチ、ベティ・チャン、ゲリー・ガンスター、チャーリー・グリーン、ヴァル・マッケンジーと入荷業務担当チーム　資材カタログに掲載されている「標準パッケージ」の数量の修正作業が大幅に進み、残りの修正は35項目だけになりました。完了すればHVMの受け取り業務が簡単になり、標準パッケージの数量と現場の発注数が一致します。

アンディー・ショア　HVMの発注をより簡単にするために、現場の「HVM発注フォーム」の見直しをリードしています。発注フォームをフォーマット化し、Microsoft Excel の簡単な機能を利用した改訂作業を進めています。

デイヴ・ピラー、ボブ・サン、バディー・ロング、マイク・キャディー　Plastipack

社製の出荷用リターナブルコンテナ52基とそれに貼る「ＨＶＭ用」ラベルを発注し、ローワーメインランド地区でのＨＶＭパイロットプロジェクトに使用予定。１週間以内に到着の予定。

出荷業務担当チーム　中央配送センターのＨＶＭのピッキング作業に専任の人員を配置。ＨＶＭピッキングの正確性と表示について抜き取り検査による検証を実施しています。

パティ・ブルース、ライアン・コワルスキー、ラリー・レヴェスク、ラジ・サイン、アリス・ミルズ　スキーナ地区へのＨＶＭの出荷を1週間ごとと2週間ごとで比較するパイロットプロジェクトを進行中です。

フィル・レイマー、ブレンダ・ソーチャック　現場とのコミュニケーションを開始。中央倉庫で物理的に欠品となっている資材のカタログナンバーを資材の出荷前に現場に伝えることとしました。

ジョン・ストルツ、アンドレ・レイカー、アイヴァン・リクスマン　フロアの一部をＨＶＭ専用にし、ＨＶＭ受注専用のモバイルカートを導入。これによりＨＶＭの注文を日常的に受けられるようにしました。

ハル・バウマー、アリス・ミルズ　品質保証部門と議論を開始し、納入された資材の品質保証のプロセスを効率よく処理する方法を検討しています。

わずか1週間で驚くような進展です。いずれもパイロットプロジェクトの成長を見守るみなさんの努力と献身的な取り組みが実を結んだ結果と言えます。

もし紹介できていないプロジェクトやスタッフの方がいましたら、どうかご容赦のうえ、このメールに返信する形であなたの取り組みとその進捗状況についてお知らせください。ここに挙げた成功事例のほかにも、その陰で多くの取り組みが行われています。

お知らせください！

パイロットプロジェクトのリーダーやクルーショップ参加メンバーのみなさんからパイロットプロジェクトの進展についてうかがいたいと思います。ぜひみなさんの成功についてお聞かせください‼ メールの全員返信で気軽にご連絡ください！

パイロットプロジェクトに必要なサポートを提供するため、マーティーとブレンダと私は、ほぼ毎週火曜日と木曜日の12：30から1：30頃まで、中2階の会議室（現在は正式に「クルールーム」と呼ばれています）にいます。パイロットプロジェクトの進捗状況やアイデアなどお聞かせください。もちろんこれ以外の時間でも遠慮なくご連絡ください。

クルールームに「パーキングロット」と呼ばれる掲示板を設置しました。アイデアの投稿に利用可能です。私たちに検討してほしいアイデアなどあれば、ぜひご意見をお寄せください。

最後に、本当にストレスのない環境を作り上げ、顧客が必要なものを必要なときに届けられるようになるまでには、まだ道半ばでありますが、私たちをここまで導いてくれた素晴らしい努力を称えたいと思います。この推進力は、今後も持続すると確信しています。私たちのプロジェクトサイトは、http://www.cmscrewshoppilots.com です。

これほどまでに速い成果に心から感謝しています。どうぞよい週末をお過ごしください。

2週間後、ロビンのもとにチャーリーから電話があった。

チャーリー「ロビン、ちょうど職場に着いたところですが、自分の目で見なければ信じられないようなことが起こっています。入荷と出荷の担当者たちが、一緒に屋外倉庫のエリアを歩き回っているのです。資材の保管方法を見直し、ＨＶＭの出荷をしやすくしているようです。しかも誰に命じられたわけでもなく、全員が自主的に参加しているのです‼　そんなことはこれまで一度もありませんでした」

ロビン「確認ですが、それは良いことですか、それとも悪いことですか？」

チャーリー「からかわないでください。素晴らしいことです！　驚くべきことです！」

ロビン「それはよかった！　それで、どのような後押しを考えていますか？」

6週間もたたないうちに、中央倉庫は地域倉庫へのＨＶＭ出荷をすべて1日で完了できるようになっていた。

ここでいったんケーススタディを中断して――

エンゲージメント・イベントの最後に変化に向けた提案を行い、それを受けた経営陣が適切だと判断した場合には実施するという方法も可能であり、実際に多くの組織で行われている。それ自体は何ら悪いことではないが、それは結局のところ計画的変革モデルを踏襲することであり、従来のチェンジマネジメントの手法に随伴する問題や圧力がついてまわる。仮にこれらのワークショップの結果をアイデアリストにまとめ、それをマネジャーが持ち帰って議論し、対処法を決定していたらどうなったかを想像してみてほしい。私の経験では、6週間たったとしてもほとんど何も起こらなかっただろう。まして実際の出荷時間の転換的変革につながることはなかっただろう。

探索プロジェクトの立ち上げ

生成的変革が多くの変化を速やかに生み出す理由は、アイデアとやる気のある人たちが、「とりあえずやってみよう」と促されるからだ。生成的変革プロセスに慣れていないマネジャーたちは、すでに手元の業務で忙しく十分な時間がないにもかかわらず、人々が新たな動きに賛同して意欲的に取り組む様子にいつも驚かされる。だがここで探索プロジェクトを立ち上げ、人々のコミットメントとエネルギーを最大限引き出せるよう経過を追跡することは依然助けとなる。

パイロットプロジェクトを立ち上げ意欲的に取り組んでもらうために、いくつか留意しておきたい点がある。主体的な行動につながる簡単で基本的な方法は、⑴自主性、⑵可視性、⑶意図の明示という3項目の厳守である。具体的な手法は数多くあり、どれを選択するかは参加者の人数、割り当てられる時間、組織の文化規範などによって異なる。基本的な進め方としては、参加者が何かをいわなければならないという強要を感じることなく、各自がコミットしていることを話してもらうことである。もし部屋の中にいる人数が多すぎるのであれば、それぞれのコミットメントを書いてもらい壁に貼り、参加者に歩いて見てもらえばよい。その後、パイロットプロジェクトのリストを公開する（オンラインなどを活用）。

CCMSグループの事例では、最初のクルーショップの終了後、マネジメントチームはパイロットプロジェクトの立ち上げに向けて、単に「やってみよう」と言うだけではなく、もっと多くのことをする必要があると考えた。新たな取り組みがあまりにも従来のやり方と異なると感じられたためだ。たとえば、クルーショップが終了する約1時間前に、マネジャーたちは別のスペースでミーティングを行うことにした。パイロットプロジェクトを担当するスタッフは、マネジメントチームに会い、自分たちのやりたいことを説明し、コーチングを受けるよう求められた。マネジメントチームの役割はパイロットプロジェクトを選ぶのではなく、単にコーチングを行うだけであることが明確なメッセージとして伝えられるも、多くの人々は、ミーティングをパイロットプロジェクトについて承認を受けるための場だと思っていた。こうしたメッセージを打ち出すことは、特に転換的変革の初期段階において重要な意味を持っていた。従業員が自分たちのアイデアに基づいて行動するという発想自体がとても新しいものだったためだ。パイロットプロジェクトが進むにつれ、賢明な助言とスポンサーシップ（リソースの確保など）の提供がマネジメントチームの主な役割となった。いずれの場合においてもこれは効果的なコミットメントのプロセスであり、パイロットプロジェクトに取り組むエネルギーを増幅させる役割を果たした。

リーダーの役割

生成的変革においてリーダーが果たす役割は、従来の計画的変革とは大きく異なるが、とても重要であることに変わりはない。生成的な会話やイベントの成果が色あせてしまわないためにも、リーダーには次のことがらが求められる。すなわち、①何が起こっているかに注意を払う、②タイミングよく資源とアドバイスを提供する、③プロジェクトの障害を排除する、④的確に資源を配分する、⑤成功や失敗からの学びを共有し、成功を称賛することである。

典型的な計画的変革のプロセスでは、リーダーは問題の定義やゴールやビジョンの設定といった初期の段階に多くの労力を投じる。それが終わると実作業をスタッフに任せ、別のところへ関心を向けるようになる。対話型組織開発でも似たようなことは起こり得る。エンゲージメント・イベントの計画と構成に労力と関心が集中してしまうのだ。しかし、生成的変革において最もリーダーの関心と労力が求められる重要な時期は、エンゲージメント・イベントの終了後である。スタッフが自分たちだけでは成功できないとすんなり認めた4件の中心的なパイロットプロジェクトに対して、仮にリーダーが何もしなかったとしたらどうだろうか。想像してみてほしい。いくつかのプロジェクトは進捗したかもしれないが、第2弾のクルーショップのような組織文化（そして成果）における転換的変革には至らなかっただろう。生成的変革を成功させるためには、リーダーには次のような役割が求められる。

1．イベントが生んだ推進力を維持し、増進するために自身が引き続き注意を寄せる必要があることを理解する

2．スタッフが探索プロジェクトに取り組む上で必要となる資源を確保し、的確に配分するプロセスを確立する

エンゲージメント・イベントを実施するにあたって私が必ず事前に行うことの一つが、スポンサーやデザインチームとのブレインストーミングである。イベントで提案される可能性のある探索プロジェクトを想定し、どのようなリソースが必要になるかあらかじめ整理しておくのである。ミーティングの時間や場所を与えられていないグループが探索プロジェクトを立ち上げても、その努力はたちまち水の泡となってしまう。

表10｜計画的変革と生成的変革におけるリーダーの役割の違い

計画的変革	生成的変革
成果重視・指示型／初期に注力	可能性重視・支援型／後期に注力
将来のあるべき姿を表すビジョンを示す	利害関係者を動かすパーパスを示す
資源と明確な役割・目標を提供する	資源と明確な範囲を提供する
現実的問題を診断し、実践的な解決策を得るために必要な資源、ツール、テクニックを提供する	スタッフが自主的に取り組むべき適応課題の生成を目的として、関係性とコミュニケーションの強化につながる機会を提供する
提案された問題解決策を承認・却下し、他者に実行を指示する	主体的な行動を後押しする／イベント後の状況を注視し、最も有望なイノベーションを支援し規模を拡大して導入する
成果を評価し、必要に応じて修正を行う	学びの文化を広め、成功だけでなく失敗も称える

状況に注目し後押しする

後押しすることは、生成的変革では大切なリーダーシップ活動である（Bushe, 2009）。種火に風を送り大きな炎とするイメージから、ファニング（fanning）と呼んでいる。すぐれた対話型組織開発イベントはいくつかの小さな種火をもたらすだろう。それを後押しし、より大きな変化につなげることができれば、より多くの成果を得ることができる。パイロットプロジェクトによって生まれる変化もあるが、それと等しく重要なのは、スタッフが考える「物事の進め方」の核をなしているナラティブの変化であり、より適応力の高い組織を構築することだ。あなたはイベントを経て人々がそれまでと違う行動を取るようになることを期待する。なぜなら、彼らはイベントを通じて共通のパーパスの本質について理解を深め、改善の可能性にふれ、改善に対する意欲を高め、自分自身のアイデアに基づいて行動する権利が認められる感覚を知るからである。これらはいずれも人々がその現実、文化、組織の社会的構築へ介入する方法であり、パイロットプロジェクトと同じように「注目し後押しする」必要がある。

イベントを開催するにあたり、スポンサーがイベントの成果に注目できるよう、あらかじめ対策を決めて講じておく必要がある。注目すべき対象には、パイロットプロジェクトだけではなく、人々が職場にどのように現れ関わり合うかといった小さな変化も含まれる。CCMSの事例では、トラッカーと呼ばれる現場に近い人を置くことでこれを達成した。トラッカーの役割は、スポンサーが何が起きているかを把握できるように注意を払うことであった。他にも方法はある。たとえば、クルーショップに参加したメンバー全員で定期的にミーティングを開催して現状について話し合い、今後何が必要になりそうかを特定する。最近はほとんどの人が携帯電話などの動画撮影機能を持ち歩いているため、イベントの結果や進捗状況を毎週まとめて、すぐにイントラネットにアップロードできる。個々の状況やそれぞれの人員でどういった方法が機能するかは、あなたとスポンサー、デザインチームの検討次第だろう。

ファニングの方法は数多くある。たとえばスタッフミーティングやソーシャルイベントなどで、ほかの人たちの進捗状況や変化についてのストーリーを紹介する。ソーシャルネットワークを利用すれば話は瞬時に広まる。すぐにさまざまな場で同様のストーリーが聞かれるようになるだろう。何よりも大切なのは、あなたが望む変化が何であれ、そうした変化に気づくことであり、また気付いているのだと認識してもらうことである。リーダーが注意を払うことがらはおのずと増幅される。好きなことや望んでいることを伝えれば、同じようにそれが増幅してゆく。ただし「よくやった」という一般的な表現は、具体的な行動を増幅したり、望むような結果を後押ししたりするにはそれほど強力ではない。パイロットプロジェクトの失敗から学んだことを特定し、それを称える方法を知ることが、革新的で適応力のある組織文化の醸成を後押しすることになる。

成功と失敗からの学び

出荷業務をテーマにしたクルーショップから生まれたパイロットプロジェクトのなかに、出荷する資材の梱包方法を完全に変えたものがあった。新たな設備を購入する必要があり、そのための資金も準備できていた。ところが、最初に購入した1台は必要なようには機能しなかった。誰も責任を持って改善しようとしないので、トラッカーが対応して、すぐに問題を特定した。問題の設備の購入は中止となり返品され、正しい機器を見つけて購入することになった。

たとえアイデアやイノベーションが成功しなくても、そこから学びがあれば問題ないことを人々が理解できるようメッセージを送り、それを態度で示すことは極めて重要である。生成的変革や探索プロジェクトの活用の本旨は、「やりながら学ぶこと」にある。成果重視の組織では（企業とはそうあるものだ）、失敗やミスが許されない文化がしばしば生じる。そうなると人々は失敗を隠し、成功の見込みのない課題に倍の労力を注ぎ、無駄なことに資金をつぎ込み、再編や別のことに挑戦する代わりにさらなる行動を正当化しようとする。つまりは学びを妨げる文化となる。パイロットプロジェクトの提案者に責任を負わせるような対応では、今後もアイデアを提案しようとする人々の意欲を削ぐことになるだろう。失敗から学ぶスピードや範囲も低減させてしまう。

多くの場合スポンサーは多忙で現場から離れているため、彼らがエンゲージメント・イベント後の出来事をすべて把握することを期待するのは現実的ではない。だからこそ、何が起きているかに注目し、必要に応じて介入し、成功を称賛して勢いを増幅させる何らかの仕組みが必要なのである。このことは、とりわけ探索プロジェクトに由来しない、適応力の高い機敏な組織の創造を表す前向きな変化の場合に当てはまる。こうした変化についても、成功した探索プロジェクトと同じように認識して後押しする必要がある。ＣＣＭＳの事例では、現場チームが屋外の倉庫エリアの整理整頓を独自に行うことを決めた際、チャーリーは翌日現場に出向いてスタッフ一人ひとりを探し出した。そして他の人たちが見ていることを確認した上で、スタッフ一人ひとりにそれぞれが学んだことや行動したことを教えてほしいと伝えた。必要なものがあるかをたずね、さらなる行動を期待する言葉を周囲にも聞こえるように投げかけた。当然そのニュースは現場ですぐに広まり、倉庫スタッフがしてもよい行動についてのナラティブを変えるのに役立った。幸いにもチャーリーはその変化に立ち会うことができたが、多くの場合、シニアマネジャーは忙しく現場から離れているため、こうした非公式な適応の動きを実際に見ることができない。だからこそ、生成的変革プロセスにフィードバックの仕組みを組み込むことが重要なのである。探索プロジェクトの経過を追うだけでなく、組織に関するナラティブについて、どこでどのような変化が起きているかを追うことが大切である。

探索プロジェクトが失敗した際に、担当者に気まずい思いをさせることなくプロジェクトを終了するのは配慮を要する問題である。しかしそれは大切なことである。なぜなら失敗したプロジェクトをそのままにしてしまうとエネルギーのブラックホールになりかねないからだ。私がこれまでに見てきた中で最高の事例は、スポンサーがミーティングを開催し、失敗したプロジェクトの問題点について議論し、失敗からの学びを特定し、プロジェクトに取り組んできたグループに対して、活動を継続したいのか、中止したいのか、その意思を確認するというものである。前者の場合は、明確な目標を設定し、どの時点で手放すことに同意するかを明確にする。最終的に中止に至っても、そこで得られた学びに光を当てて祝福をもって終了したい。

エンゲージメント・イベント、探索プロジェクトのための事前チェックリスト

エンゲージメント・イベントの実施にあたり、事前にスポンサーやデザインチームに確認すべき事項は次のとおりである（Roehrig, Schwendenweim & Bushe, 2015）。

□イベントの終了後、スタッフが職場に戻った際にこれまでと違う行動ができるのだと思えるようにするには、何をしなければならないか？

□スタッフが提案を実行に移す前に、マネジャーによる選別は必要か？　もし必要であれば、どのような基準で速やかに判断するか？　スタッフの嫌気を起こさせずに、意欲や推進力を高めるにはどうすべきか？

□イベントの最後に、どのようなプロセスで人々のコミットメントを増幅させるか？

□プライベートも仕事も忙しいスタッフが、定義も予算も決まっていない大きな変革プロジェクトに取り組むための時間と空間をどのように作り出すのか？

□探索プロジェクトを進めるスタッフやグループが必要とする資源や設備にはどういったものがあるか？　どのように入手できるか？

□スポンサーが進捗状況をタイムリーに得られるようにするにはどうしたらよいか？

□すぐれたアイデアに対する障害や障壁を認識し対処するにはどうすべきか？

□どの変革を支援して資源を提供すべきか（あるいはしないのか）をどのように決定し、そのプロセスや判断をどのように明らかにして伝えるのか？

□すぐれた新たなアイデアを、いかにしてより広く組織に周知し、仲間やサポーターの自然なネットワークを活用し、探索プロセスへの関与を促すか？

□探索プロジェクトの失敗をどのように判断し、次のプロジェクト提案への意欲を失わせずに終結させるにはどうしたらよいか？

第 5 章

Scale Up

成功した探索プロジェクトの拡大と定着

CCMSの変革がスタートすると、ロビンは新たに発生する問題に対処するため、さらにいくつかのクルーショップのデザインに専念した。一方、マネジャーたちは、ワークショップから生まれた探索プロジェクトの進捗状況に注目し後押しするという重要な役割に努めた。ロビンによるCCMSチームへのコンサルティングが10カ月を経過した頃、チームがロビンのサポートなく、自力で生成的変革プロセスを進められるようになると、ロビンはチームを離れた。本章では、その後マネジャーたちの中の一人が、初期のパイロットプロジェクトを増幅し、中央倉庫と地域倉庫の業務を大幅に刷新したプロセスについて説明したい。

CCMSのもう一つの事例

ブレンダは、次にすべきことについて思案していた。かつてCCMSの上席マネジャーの1人だったブレンダは、コンソリデーティッド・コンストラクション社の全社的なITシステムの再構築（ERP: Enterprise Resource Planning 企業資源計画の一環）を任された。だが、プロジェクトの進捗の遅れから、ＭＳチームに戻されていた。すでに後任はいたが、チャーリーはブレンダがＥＲＰの導入に向けてＣＣＭＳグループを十分にサポートできる人材だと判断した。当時、中央倉庫の業務は、手作業にデスクトップパソコン作業を加えたレベルのもので、業界のベストプラクティスからは大きく遅れていた。チーム内のマネジャーたちの間でも、アマゾンなどの倉庫業務はモバイル端末を活用したＩＴ技術を駆使して受け取りと出荷をデジタル化しており、自社が大いに取り残されているという自覚はあった。だが、新たなシステムの導入には多くの制約があった。たとえばＣＣＭＳでソフトウエアならびにハードウエアを導入するためには、慎重かつ厳格な本社のテクノロジーグループから承認を受けなければならなかった。備品の購入にもいくつもの許可が必要だった。近い将来ＥＲＰシステムの導入が予定されているため、既存のＩＴシステムのリニューアルが必要な改革には、まったく手をつけられない。従業員の士気も低下し、手作業に慣れきってしまっていた。システムに関するトレーニングの予算も、設備購入のための予算もない。ＥＲＰシステムが構築され、実際に導入されるまでは、そのまま放置しようとする雰囲気だった。だがブレンダとチャーリーは、ＣＣＭＳのニーズにふさわしいＥＲＰの設計や構築の方法が明らかになるまで待ち続け、その上でＣＣＭＳが準備を始めるという姿勢は間違いだと感じていた。やるべきことは膨大にある。ただし、何から始めるかの判断は簡単ではなかった。

パイロットプロジェクトのトラッカーとなったブレンダは、クルーショップに参加した。HVMの出荷時間の短縮をテーマにしたワークショップで知ったあるパイロットプロジェクトがブレンダにとって契機となった。当時、資材が到着すると担当者が受け取った資材のメモをデスクに置き、それらのメモは誰かがデスクトップパソコンでデータベースに入力するまで放置されていた。そこで、ある担当者がノートパソコンを可動式のカートに搭載して倉庫に置けば、資材の到着時にすぐに情報を入力できるというアイデアを提案した。ブレンダが見ると、そのパイロットプロジェクトを担当しているグループにいるのは、テクノロジーに興味のある二十歳台のスタッフ3名だった。当時ブレンダには、会社が承認した新しいタブレットが与えられていた。そのタブレットは、建設現場の責任者が使用しているもので、軍事仕様のためハッキングや不正アクセスにも強く、トラックにひかれても破損しない頑丈なもので、かなり高価だった。調べてみると在庫管理用のソフトウエアも稼働するので、自分のタブレットをパイロットプロジェクトグループに提供し、何かの役に立たないか調べてみるよう勧めた。

それがイノベーションのきっかけとなり、パイロットグループは試行錯誤しながら、タブレットを資材の受け取りに活用する方法を見つけ出した。従来は、どの資材が到着したのか確認するのに時間がかかったが、瞬時にわかるようになったのだ。しかし、すべての情報をタブレットに入力しなければならない作業が手間だった。そこでブレンダがバーコードの導入を提案した。幸い、タブレットにはバーコードスキャナーが内蔵されていたので、プリンターとテンプレートをブレンダが購入し、グループに提供した。それから数カ月間、試作を繰り返したグループは、さまざまな資材に最もふさわしく便利なバーコードを見つけ出した。その頃には、ほかの担当者たちも自分たち専用のタブレットを欲しがるようになった。より本格的な取り組みへ進展する可能性を感じたブレンダは、「より簡単に、より正確な仕事を」を生成的変革のパーパスとし、その横断幕を中央倉庫に掲げた。より簡単に、より正確な仕事をする方法に関心を持つスタッフは、クルールームでのランチタイムの議論に自由に参加し、そこではブレンダが業務のデジタル化の可能性を語った。ただし、主に受け取り作業に関する行動が中心だった。その後、チャーリーの承認を得てタブレットを追加購入し、すべての受け取り担当者が「その場で」情報を収集できるようになった。その一方で、タブレットは重く、邪魔になるので、もっとよい方法があるのではないかという意見も出始めた。そこで次にブレンダは、小型スキャナーをベルトに装着する方法を提案する。バーコードを読み込めば、データが無線で送信される。このアイデアは即座に受け入れられ、資材の受け取りだけでなく、資材の保管業務にも検討の範囲を広げることとなった。これにより資材の受け取り状況だけでなく、ＨＶＭの棚入れが完了したことを即座に確認できるようになった。

正確性と確実性が大幅に向上したことによる多大なメリットを実感したブレンダは、倉庫業務全般のバーコードの導入をチャーリーに提案した。それには多額の投資が必要になり、最適な導入方法も確定していなかったが、最初のパイロットプロジェクトグループの非公式なリーダーだったジョンが特別プロジェクトを任され、１本の倉庫通路へのバーコードの導入計画をフルタイムで進めることになった。１本の通路だけでもカタログに掲載されている約１０００種類のアイテムが保管されており、システムの完成までに3カ月を要した。その間、ジョンは、どのようにラックを作ればデジタル化がスムーズに進むのか、どのようなラベリングが便利なのか、数多くのアイデアを思いめぐらせた。

ジョンがバーコードのプロジェクトに取り組んでいる間、ブレンダは、さらなる技術活用を社内で進める方法を模索していた。デジタル化の推進において最大の障害となっていたのは、モバイル化に対する社内の他部門の否定的な意見《ナラティブ》だった。数年前、社内の別の部署でモバイル機器の導入に向けた大規模で高額の計画的変革プロセスが失敗していたのだ。その結果、社内には「モバイル機器はかっこいいが、高額で導入効果は期待できない」というストーリーが出来上がってしまった。ブレンダには、モバイル化に向けたプロジェクトへの投資を求めても、あまり支持を得られないことがわかっていた。そこでチャーリーとともに考えたのが、「モバイル化」に変わる新しいキーワード「ポイント・オブ・ユース」(その場で)である。チャーリーは、上層部に対してポイント・オブ・ユース業務の実証結果を説明した。あわせて上層部に見せた短い動画は、倉庫の現場スタッフがその場で作業できる技術の利便性を語る様子を、ブレンダがiPhoneを使って撮影したものだった。また、上層部や社内の技術部門のメンバーを対象にした現場視察会も開催し、実際の変化の様子を見てもらった。さらに社内の上層部100名のマネジャーが集まる対話集会では、チャーリーがブレンダに議題を任せ、ブレンダがパイロットプロジェクトのチームメンバーとともに、ポイント・オブ・ユースの機能を導入したおかげで、以前にくらべて正確性と効率性が格段に向上した実例を紹介した。すると全社的な組織効率化チームから「プロジェクトのガントチャート(工程管理表)はどこにあるのか」といった質問があがった。それに対してブレンダは、「ご覧のとおり、私一人で進めているプロジェクトです。そんなことをする予算はまったくありません」と答えた。チャーリーが改革のスポンサーとして「社内政治」への対処にも成功し、ポイント・オブ・ユース業務を可能にする技術に対する投資の申請もすぐに承認された。

ジョンがバーコードの導入を完了すると、そのメリットは入荷担当者だけでなく、すべてのスタッフに及んだ。入荷チームは、バーコードの整備された通路へのストック作業が楽しくなり（『スター・トレック』で見たスキャナーを思い出すとの声が多かった）、発注・スケジュール管理チームも業務がより簡単で正確になったという。以前の倉庫では、在庫システム上は倉庫にあるはずの資材が見つからない「欠品」状況が多く、事務作業員が手作業で懸命に探さなければならなかった。そんなときは、早く見つけ出さなければならない、あるいは代替の資材を用意しなければならないというプレッシャーを感じていた。だが今ではバーコードが設置された通路に資材がある限りまったく問題ない。出荷担当グループも、通路上にある資材は簡単に見つけ出せるようになり、自分たちのニーズにあわせた技術の活用方法に関心を持つようになった。

次にチャーリーとブレンダは、発注・スケジュール管理担当者と中央倉庫担当者全員を対象にしたミーティングを開催し、ポイント・オブ・ユースの作業を可能にする技術の実際の効果を議論した。多くの意見が出され、ほとんどが肯定的なものだった。社内には「簡単かつ正確な作業は、ストレスのない顧客サービスを可能にする。バーコードは正確性、スキャナーは簡略性に役立つツールである」というストーリーが生まれた。チャーリーは「利便性を追求するためには、すべての資材にバーコードを導入すべきだ」と結論づけている。だがこれは決して簡単な作業ではない。ジョンが1本の倉庫内通路にバーコードを導入するのに3カ月を要したのだ。残る倉庫内通路は22本あり、さらに屋外倉庫もある。プリンターとスキャナーを追加購入し、クルールームはバーコード作業用のスペースに変わった。すべてのスタッフを対象に作業への自主的な参加が呼びかけられた。協力したスタッフに対する残業代の支払いもチャーリーが承認したおかげで、多くのスタッフが協力した。事務職員から現場作業員まで、多くのスタッフが就業時間後や週末を利用してプロジェクトに取り組んだ結果、数多くのイノベーションが実現した。ブレンダは、室内に生まれた楽しそうな雰囲気に驚いた。仲間意識が感じられ、笑い声にあふれ、遅くまで作業を続けるスタッフには食事も用意された。

バーコードの導入作業が軌道に乗ると、ジョンには地域の倉庫を回って、新しい技術について研修を行うという新たな任務が与えられた。現場からは数々の要望があり、多くのイノベーションへとつながった。たとえば現場からの意見を受けて、ブレンダはソフトウエア会社にアプリケーションの作成を依頼する予算を獲得し、スキャナーと接続した社用iPhoneのアプリを使えば、ボタン1つで資材の発注ができるようになった。資材発注業務は格段に簡単で正確になり、地域倉庫のスタッフもデジタル化に対応するようになった。

バーコード導入プロジェクトのスタートから1カ月後、デジタル化への動きを加速し、スタッフの自主的な努力を促すために、チャーリーは倉庫スタッフに条件を出した。9カ月以内にバーコードの導入を完了させれば、自分が地元でダンクタンク（訳注：ボールを投げて当たれば、水槽の上に座っている人が落ちるゲーム）の標的になると宣言したのだ。すると作業は6カ月で完了した。

資材管理用のノートパソコンをカートに乗せて倉庫に設置するという最初のパイロットプロジェクトから2年もたたないうちに、手作業の資材管理業務を、モバイル端末による完全なデジタル業務に移管した。ビジョンも計画もなく、外部スタッフによるコンサルティングも研修も受けず、「変化への抵抗」もほとんどなかった。組織から生まれた生成的変革プロセスの成果である。

このストーリーの最後に加えたいことを次節に述べる。

生成的変革のリーダーの役割：小さな種火を燃え上がる炎へ

組織に所属していた人であれば、一般的な組織変革アプローチによって、CCMSのような成果（完全なデジタル化）を達成する難しさを目にしてきたはずである。コンソリデーティッド・コンストラクション社も過去に失敗の経験があり、リーダーたちは、モバイル技術のメリットに懐疑的になっていた。紹介したCCMSのような事例から、生成的変革プロセスの支持者たちは、同プロセスが従来の計画的変革に比べ、より多くの変革をより速やかに生み出すと言明している。小さな成功事例を足がかりとし、探索しながら学ぶ姿勢をサポートすることで、小さな変化を積み重ねて大きな組織変革を実現する。また、そのプロセスを通じて適応力の高い組織が構築されるのだ。

しかし、それにはリーダーシップが不可欠である。生成的変革プロセスにおいて、何よりリーダーの役割が求められるのは、パイロットプロジェクトの実施前ではなく、プロジェクトを実施した後である。最初の小さな成功を見守り、その成功を足がかりに、主体的に変革に取り組むべきスタッフから生まれるイノベーションの量と質を高め、パーパスの追求につなげていくことが必要なのである。

リーダーシップにはさまざまなタイプがある。生成的変革プロセスでは、さまざまなリーダーがさまざまな場でリーダーシップを発揮するが、ここでは本章で紹介したチャーリー、ブレンダ、ジョンの3人のリーダーの役割に注目したい。ダリル・コナーによる区分（1992）を参考にして、それぞれの役割をスポンサー（チャーリー）、チェンジ・エージェント（ブレンダ）、ステークホルダー（ジョン）と名づけたい。表11はそれぞれの役割の違いをまとめたものである。

スポンサーは、変革を指示する権限を持つ人物である。通常は予算の決定権があり、役割やプロセス、手続きを変更できる。だが、あらゆることに同席できるだけの時間がない。そこで具体的な変革プログラム専任のチェンジ・エージェントが必要になる。それに対してステークホルダーは、本人が変化を求められ、実際に必要な変化を見つけ出して行動する役割を担う。それぞれの役割について、詳しく見ていきたい。

チェンジ・エージェント

一般的には、対話型組織開発を実践する人物であり、組織内のマネジャーや専門スタッフ、外部コンサルタントが担当する。組織内のスタッフが、外部コンサルタントのコーチングを受ける事例も珍しくない。優秀なチェンジ・エージェントは、組織内のあらゆる階層に問題なく対応できる。また、ステークホルダーが、抵抗なく本当のことを話せる人物でなければならない。スポンサーは威圧的なときがあるので、階層上の距離が離れると、それだけありのままの真実が届きにくくなる。そのため、チェンジ・エージェントからの情報が欠かせない。つまり、スポンサーとチェンジ・エージェントとの関係は、プロジェクトリーダーが上層部に報告して指示や命令を受けるような関係ではない。そこは考えを一新する必要がある。むしろ、チェンジ・エージェントが、スポンサーに対して、出席すべき場所、話をすべき相手、届けるべきメッセージといった点について指示を出す場合も少なくない。まさにブレンダとチャーリーの関係であり、チャーリーはブレンダの提案とアドバイスに従って行動している。

生成的変革プロセスでは、チェンジ・エージェントは、組織内の活力や推進力などの流れにあわせて行動する。ブレンダの場合、まずCCMSグループがデジタル化を受け入れる方法を探る必要があったので、デジタル化に関心を持つステークホルダーとともにプロジェクトを進めた。そしてスタッフの行動に注目しながら、適切なタイミングで新たなアイデアやチャンスを提供している。スタッフ自身の実績については必ず評価されるよう気を配り、動画や上層部へのプレゼンテーションで彼らを取り上げた。また、「より簡単に、より正確な仕事を」を生成的なパーパスとし、生成的会話の場を設けた。ただし、それらはクルーショップのような「イベント」ではない。かなり非公式な場で、それが最適だった。生成的会話は、スタッフが取り組んでみたいというアイデアを創出する場所で、どんなときでも作れる。イベントの中でそうした場を設けることも可能だ。ブレンダは、当初は生成的会話に関心を持っていなかったスタッフも参加させる方法を探し、スタッフの関心事をベースに変革プロセスを拡大していった。

ステークホルダー

ステークホルダーは、自分たちが見つけ出して主体的に取り組みたい変革プロジェクトをリーダーに提案する。CCMSグループの組合員であるジョンは、ステークホルダーの典型事例である。パーパスがそもそも彼自身の意欲を刺激する内容だったため、その追求に全力で取り組んだ。ブレンダとチャーリーは、ジョンがそのリーダーシップを果たす機会を増やすため、まず中央倉庫内の1本の通路でバーコードの導入を完了させ、その取り組みを地域倉庫にも広げていった。ジョンと現場スタッフはみずから提案した変化をみず

表11｜生成的変革における３種類のリーダーの役割

	スポンサー	ステークホルダー	チェンジ・エージェント
当事者意識	変革のサポート 当事者意識の共有	変革の実現 変革の当事者	変革の主導 当事者意識の受け入れ
パーパスの明確化	エネルギーを投入する適応課題の特定	生成的イメージへの取り組み	適応課題から生成的イメージの構築支援
主体的取り組みの加速	パーパスの説明 積極的参加の呼びかけ	他者への情報発信 積極的参加の検討	他者とのネットワークの構築 主体的な取り組み事例の作成
対話	新たな会話の場を提供 違いを受け入れる場の創設	新たな会話への参加 率直な発言と意見の傾聴	新たな会話のデザインと促進 活力あふれる行動
イノベーション	探索プロジェクトの称賛 上層部との衝突からの保護	探索プロジェクトの提案 日常的な衝突への対処	探索プロジェクトの追跡 衝突からの学習のサポート
即興的対応	変革プロジェクトへの資源の提供 成功事例の増幅と失敗からの学び	変革プロジェクトへの取り組み 成功と失敗の公表	変革プロジェクトにおけるスポンサーとステークホルダー間の伝達役 成功と失敗からの学習の伝達
進捗状況の確認	成果の称賛 評価の共有	成果の達成 評価の獲得	成果の検証 評価の受け入れ
システムや構造の変革	システムと構造の設計と調整	新しいシステムや構造の実施	学習ループの確実な定着

から起こし、推進した。仲間にもアイデアを伝え、彼らを巻き込みながら、うまくいくものといかないものを見極め、変革を達成した。そうしたジョンと仲間たちの取り組みは評価されている。現場視察に来た上席マネジャーたちへのプレゼンテーションを任され、経営陣との対話集会でイノベーションを紹介する動画で取り上げられた。多くのステークホルダーがバーコードの導入プロジェクトに加わった。その主体的な取り組みもリーダーシップの表れである。

スポンサー

スポンサーは、チェンジ・エージェントとステークホルダーが活躍できる環境を提供する。チャーリーは、倉庫でのデジタルモバイル技術の活用の変革が重要だと認識し、ブレンダのすべての提案を支援した。たとえば機器の購入やジョンの特別な任用を承認し、すべてのステークホルダーにバーコード導入計画への参加を呼びかけ、そのための残業代と夕食の支給も認めた。常にスタッフが安心して意見を述べ、うまくいかないことにも挑戦できる場も作った。また、スタッフの功績を評価し、成功を称賛して、チームが予想外の早さでバーコード導入計画を完了するためには、喜んでダンクタンクゲームの標的となることも引き受けた。

組織内のほかのグループで起こっている動きに対処するのも、スポンサーの役割である。外部との関わりもなければ変革は起こらない。みずからがスポンサーになっている変革と、組織内で行われているほかの変革を、うまくまとめる能力が求められる。そのためには、変革プロジェクトから生まれる組織内の政治的な動きや、否定的な意見《ナラティブ》にも対処しなければならない。本章で紹介した事例でも、チャーリーが組織全体のモバイル技術に対する否定的なストーリーを払拭し、進行中のプロジェクトの障害を排除した。さまざまな機会を活用し、影響力のあるステークホルダーたちの中にポジティブな印象を構築し、成功に必要な資源を入手した。またシステムとプロセスを再調整し、新たなデジタル技術を活用する道を切り開いた。

成功した探索プロジェクトを拡大し定着するためのチェックリスト

□組織の全体像や、組織が必要とする長期的視点から望まれる変革に合致した探索プロジェクトに特に注意を払う

□意欲的な人たちと協力し、小さな成功を足場にする方法を見つけ出す。

□変革によって生まれる業務に必要な組織構造や業務プロセスについて、常にリーダーたちが議論できる場がある。

□探索プロジェクトを行ったチームがプレゼンテーションする場を作り、関係のあるステークホルダーと結果を共有できるようにするとともに、探索から学んだことを明らかにする。

□リーダーたちが、今の戦略や文化が新たに見つけ出したチャンスと「フィット」しているか、どれぐらいフィットしているかを検証する機会を確保する。

□プロジェクトを後押しするストーリーと阻害するストーリーの両方を特定し、望ましい変革の後押しになる新たなストーリー作りに努める。

□意欲的ではないステークホルダーの望みや懸念が、変革によって対処可能になる方法、意欲的な人たちとそうでない人たちが協力してパイロットプロジェクトに取り組める方法を見つけ出して広くアピールし、意欲的でないステークホルダーを引き込む機会を探る。

おわりに

対話型組織開発は必ずしも生成的変革と同一視されるものではない。対話型組織開発は、基本方針への賛同や多様なステークホルダー間の合意形成、個人間やグループ間の対立の解消、無秩序な行為の抑制、考え方やその根拠となっている共通のナラティブの刷新といった領域にも適用が可能である。ここに挙げたのは組織開発コンサルタントが担当する可能性のある分野で、生成的変革プロセスが必ずしも有効ではないものの一例である。

生成的変革モデル独自の特徴は、探索を行うことを目的として生成的会話を行うこと、そして、みずからの行動を変えなければならない人たちが自律的に行動して学習し、それを足がかりに変化を生み出していくという点にある。そうした生成的会話を活発にするには、関係する人たちを会話の場に引き込むような生成的イメージの策定が有効である。リーダーの役割は、特にプロセスの後半からが本番である。会話の場のエネルギーやアイデアを消失させず、そこから学び、それを増幅して本格的な変革につなげなければならない。

ＣＣＭＳグループの事例では、対話型組織開発における重要な3つのプロセスである創発、ナラティブ、生成性のすべてがうまく機能した。まず「ストレスのない顧客サービス」と「より簡単に、より正確な仕事を」という2つの生成的イメージを定めて関係者の関心を高め、有益な会話や行動を促した。また、同じことに関心を持つモチベーションの高いスタッフが互いの存在を知り、変革に取り組みたいと思えるアイデアを生み出す場としてクルーショップがデザインされた。生成的変革モデルは、変化を創出するプロセスであり、スタート地点ではゴールが見えない。おそらく、永続的な変化につながる何よりも重要な変化は、リーダーシップや組織変革、ＣＣＭＳに対して人々が持つ核心的なナラティブの変化である。すべてのマネジャーがリーダーの役割に関する認識を一新し、それをもとに新しい重要な業務に取り組んでいる。また、みずからの役割を問題解決ではなく問題提起だと自覚した上で、スタッフとのコミュニケーションを通じてリーダーシップを発揮し、創発的な解決策につなげている。一方、ＣＣＭＳのスタッフも、リーダーや組織ならびに自分自身に対する信念を変えた。スタッフが主体的に取り組む組織文化を支えるナラティブが醸成され、現場スタッフはみずからを、どのような課題であれ新たな解決策を生み出す価値あるパートナーとして認識している。本書で取り上げた変革事例から数年が経過した現在のコンソリデーティッド・コンストラクション社では、ほかのグループのマネジャーたちがＣＣＭＳグループのミーティングは何が違うのか、組合に加入する従業員が、どのような形で業務に対して主体的に取り組んでいるのか、どれぐらい変革を起こすことが以前よりも容易になっているのかを今も議論している。また、ロビンは、昇進して別の部署に異動したチャーリーとともに、新たな課題に再び取り組んでいる。

問題になる可能性のあること

ＣＣＭＳの変革事例は極めてスムーズに進んだが、同じように円滑な事例ばかりではない。そこで組織開発コンサルタントたちが陥りやすい問題、備えておくべき問題についても説明しておきたい。

リーダーがスタッフの主体的な参加を重要視しない

ＣＣＭＳの事例では、チャーリーが変革の強力な主唱者であり、残りのチームメンバーも数回のクルーショップを経て、その考えにすぐに賛同した。だが、ときには主要スポンサーの賛同が得られないといった場合もある。その一般的な理由は、大規模対話イベントには多額の費用がかかる、参加者が通常業務を離れなければならない、スポンサー自身の影響力が低下する恐れがある、戦略や背景に関するスタッフの知識が十分ではない、利己的な行動を誘発するリスクがある、グループ全体を統制できなくなり、グループ内で起こっている「すべてを把握」できなくなる恐れがあるというものだ。そうしたリーダーには、なぜ生成的変革アプローチが問題解決に有効なのかを理解してもらわなければならない。たとえば当事者意識の向上、より適切な解決策の提案、主体性の強化、重要な役割を果たす部下に対する透明性の確保、適応力のある組織の構築などの効果が期待できる。生成的変革プロセスの成功事例を参考として提示するのも有効だろう。本書のほか、オンラインで入手可能な各種事例、『ハーバード・ビジネス・レビュー』誌をはじめとするビジネス誌、筆者と永石教授の共同論文（２０１８）などの例がある。本書の生成的変革モデルがマネジャーにとって、対話型組織開発の数十年にわたる成果を理解するための一助となることを強く望んでいる。

創発的変革に向けた契約

コンサルティングの対象がチャーリーのようなクライアントでなければ、最も難しい段階の一つは、おそらくプロジェクトの始動時である。あなた自身、これから何が起きるのか、正確にはわかっていない。クライアントは、変革の達成をはじめとする明確な目標に向けて、どのように行動すればよいのかを知りたがる。こうしたときに役立つのが、トーヴァ・アヴェルブッフによる対話型組織開発の開始と契約に関するアドバイス（2015）である。まず、生成的変革アプローチが適切かどうかを判断するため、短期的なコンサルティング契約を結ぶ。次に、実際に対話型組織開発手法を取り入れ、クライアントにコンサルティングを受けるかどうかを判断してもらう。生成的変革アプローチを体験してもらいながら、対話型アプローチが自社の変革に最適かどうかを検討してもらえばよい。その上でクライアントが賛同すれば、生成的変革モデルを進めるための契約を結ぶことができる。

スタッフが安心して発言できない

当初のCCMSグループは、メンバーが主体的に変革に参加しているわけではなかったが、危険な状態ではなかった。ロビンがコンサルティングに加わった段階で、グループメンバーが自由に意見交換できていたからだ。現場や倉庫の担当者が自由に参加できるミーティングでも、それほど時間をかけずに自由に発言できる雰囲気になった。だが、すべての組織がそうなるとは限らない。たとえば組織内に変革を推進するリーダーチームを結成し、リーダーたちが互いに信頼して尊敬できる関係を築くところからスタートする例もある。次のステップとして、関係するスタッフが参加できるイベントを開催しても、信頼関係を構築するために時間が必要になったり、そのための仕組み作りが必要になったりするかもしれない。これらの課題には、数多くの参考文献がある。対話型組織開発を実践するコンサルタントであれば、組織内で安心して発言できない問題に気づく方法や、それらへの対処方法を知っていなければならない。たとえば、参加するかどうかを当事者の自主性に委ねることは、安心して発言できる場作りに大きく貢献する。

マネジャーにコーチングスキルがない

CCMSの事例では、ロビンのコーチングはそれほど必要ではなく、チャーリーやマネジャーたちが、クルーショップにおいて現場スタッフへの適切なコーチングを行っていた。彼らは、指示や命令だと受け取られないようにアドバイスする方法や、臆病なスタッフを勇気づける方法、熱心な人々を、意欲を失わせることなくうまく制御する方法を理解していた。だが、すべてのマネジャーがそうであるとは限らない。現場での具体的な検証を始める段階で、マネジャーが適切なコーチングをできなければ、変革へのエネルギーが失われてしまう恐れがある。組織開発の推進者としては、エンゲージメント・イベントを開催する前に、マネジャーにコーチングスキルの習得を求めるべきかもしれない。

重要な外部ステークホルダーが機能しない

CCMSの事例では、組織内で本格的な変革に成功し、スポンサーの権限が及ばない外部ステークホルダーの協力は必要としなかった。だが、次第にユーザーを巻き込んだ変革が必要になり、建設作業員や現場スタッフなどが参加するクルーショップも開催するようになった。そのためには、まずグループ外にスポンサーを確保する必要があった。外部のステークホルダーと取り組むべき最初の課題は、取引業者のマネジメントに関する領域だったので、あるCCMSのマネジャーは、さまざまなグループにも参加してもらい、クルーショップを開催して問題点を明らかにしたいと考えた。それに対してロビンは、先に十分な探索を行って、その本格的導入の段階で支援が必要なメンバーを判断すべきと主張した。その結果、組織内のほかのグループで課題に関する権限を持つリーダーとチャーリーが議論し、その人物が生成的変革プロセスをサポートできる段階ではないことが明らかになった。そのため変革プロジェクトは中止になった。私は、必要なスポンサーの存在が確認できなければ、エンゲージメント・イベントの開催を認めない。イベントに参加したスタッフは意欲が高まるので、もし変革が頓挫すれば人々はより冷ややかな考え方になり、幻滅を感じ、何も起きなかった場合よりも悪くなることさえあるからだ。

組織全体が否定的な反応を起こす

システムの一部を大幅に変更すると、ほかの部分も変更する必要が出てくることが多い。

私が自分のキャリア初期に関わったプロジェクトでは、現場における大幅な改善によって、幹部メンバーに対する行動改善のプレッシャーが増大した。そうしなければ変革プロセスが無意味になってしまうからだ。コンソリデーティッド・コンストラクション社がそうした事態に陥らなかったのは、おそらくMSグループの業務が、組織内でも独立したものだったからだろう。だが他社の事例では、そうした事態になり得ることを想定し、他の部門にも前向きに変革に参加してもらう方法をあらかじめ考えておくことが大切だ。たとえばCCMSのような労働組合のあるグループの変革プロジェクトでは、組合の承認が不可欠であり、未承認のプロジェクトは即座に中断しかねない。チャーリーは組合の幹部と良好な関係を築き、組合側も変革に肯定的だったので、組合からの抵抗はなかった。もし両者が緊張関係にあるとか、不信感を抱いている間柄であれば、クルーショップを開催する前に、組合を味方につける作業が必要かもしれない。

最後に

生成的変革プロジェクトの導入を検討する上で、ＣＣＭＳの事例が刺激になり、さまざまな理論やモデルに関する私の解説が役に立てば幸いである。私は約40年にわたる組織開発実践者としてのキャリアのなかで、ＣＣＭＳの事例が最も満足できる変革事例であると感じている。それは、⑴当事者の主体的な探究、自由で十分な情報に基づく選択、人々と組織の双方の成長という組織開発の価値が存分に活かされた事例であること、そして、⑵すべての人の想定を超えるレベルで次々と変革が迅速に進んだからである。

参考資料

ロビンのミーティングメモ
第1回マネジャーミーティング

マテリアルサプライグループミーティング
日時：20XX年10月22日
出席者：チャーリー、エスター、マーティー、ウォリー、ロビン

「なぜ私たちはここにいるのでしょうか？」という私の問いかけに対して、マネジャーからは、MSグループが資材の流れを自分たちで決められない問題への指摘が続いた。その話を聞いた私は、「整備の行き届いた機械を管理するように、スムーズに在庫管理を行いたいようだが、資材の需要が複雑で可変的なことが、その障害になっている」という印象を受けた。

だが、「極めて複雑かつ可変的な在庫管理の標準化は難しいのだろうか」と問いかけると、彼らは「数多くの方法があり、そのために取り組みたい」と明言した。

マネジャーたちは、業務を標準化できないことがスタッフを悩ませる元凶であり、意欲低下につながっていると考えていた。今日なんとか怒鳴られなければ成功という状態になってしまっている。人材は優秀だが、責任の所在や期待されるサービスレベルが曖昧であり、期待されていることやルールが想定外に変更され、作業が完了しないまま次の作業がスタートする感覚があり、どうすれば自分の業務が役に立つのかわからないという状況だ。それらすべてが、スタッフの主体的な行動を阻んでいる。

組織がこのグループに期待しているのは、人員を増やさず、現場作業員が満足する資材管理を実現することである。そこで私は最適なチームのあり方を、かなり自由に当事者たちに考えてもらおうと判断した。

さらに掘り下げる必要がありそうな重要な発言は次のとおりである。

- 顧客と直接対話できない。
- 自分たちがサービス組織なのか、サプライチェーン組織なのか明確ではない。
- ユーザーに「ノー」と言えば、上位の担当者に伝えられてしまう。

マネジャーたちは、チーム内では相互コミュニケーションや問題解決が可能だが、ほかのグループとの交流がないため、現場レベルのコミュニケーションや連携が十分ではないと考えている。

ミーティングで注目したのは、業務の不確実性を軽減できない要因である。変動しやすい要因として、以下の項目が挙げられる。

外部要因

- 最近のＸＸの調査によると、あるモデルの導入が不完全なため、責任の所在が曖昧な業務領域がある。
- 大型で標準化していない資材は、社内の別のグループが購入を判断し、取引業者との契約も行っている。
- 到着する資材のサイズが統一されておらず、到着する時間も予測できない。
- 購入戦略におけるＭＳグループの役割が不明確である。
- 取引先との契約に関するＭＳグループの役割が不明確である。
- 建設作業員や委託業者が資材の調達期日を変更する。
- 建設作業員や委託業者がＣＣＭＳグループ内の複数の部署と資材調達やサービスの打ち合わせを行っている。

内部要因

- 地域倉庫の再構成
- さまざまなユーザーニーズに対するスタッフによる対応方法の違い
- グループ内の「責任の押し付け合い」

●権限や責任の所在の曖昧さ
●地域倉庫の現在の責任者の人数

グループは今後の取り組みを進めていく上で核となる問いを次のように設定した「**想定外の対応を減らし、明確化と合意を実現し、業務の90％を計画やルールに沿って進められるようにするにはどうしたらよいか**」

私はマネジャーたちに対して、「主要課題をスタッフが納得するように、スタッフが何としてでも会話に参加したい内容に言い換えるには、どうすればよいか」を考えるよう求めた。

リーダーが解決策を決定し、スタッフに実行を指示する手法が有効なのは、技術的問題だけであり、CCMSグループが直面しているのは「適応課題」なので、解決には当事者の認識や前提や考え方の変化が不可欠だと説明した。つまり、リーダーが変革プロセスを主導しながら、変革を実行しなければならないスタッフが解決策を提案して試行し、その成果を検証する必要がある。それに対して賛同するマネジャーもいれば、CCMSグループにはなじまない手法ではないかというためらいを見せるスタッフもいた。

資材管理の変動性の要因を探るため、まずMSグループでは、グループ内に原因がある変動性を抑制できるかどうかを確認することにした。そのポイントとなるのが、次の3つの項目である。

●複数の担当者による同じユーザーへの対応

●誰が顧客の連絡を受け、それに対してどのように対応するか
●現場を知らずに計画するスタッフと、計画を知らずに実行しようとするスタッフ

次回のミーティングは、2週間後の半日間と決め、テーマは次のように設定した。

1．変革を成功させるためには、誰が変わらなければならないか？　どういった人員が問題解決策の提案に参加すべきか？
2．CCMSの課題、組織文化、スタッフ、状況に応じた機会や制約をふまえて、どういった変革プロセスが最も成功しやすいか？

参考文献

Argyris, C. (1970)*Intervention: Theory and method.* Reading, MA: Addison-Wesley.

Averbuch, T. (2015) Entering, readiness and contracting for dialogic organization development. In G.R. Bushe & R.J. Marshak (eds.) *Dialogic organization development* (219-244). Oakland, CA: Berrett-Koehler.『対話型組織開発』ジャーヴィス・R・ブッシュ、ロバート・J・マーシャク著、中村和彦訳、英治出版、２０１８年

Blake, R.R., Shepard, H.A. & Mouton, J.S. (1964) *Managing intergroup conflict in industry*, Houston,TX: Gulf.『葛藤の行動科学』R・ブレーク、H・シェパード、J・ムートン著、土屋晃朔訳、産業能率短期大学出版部、１９６７年

Bushe, G.R. (2013) Generative process, generative outcomes: The transformational potential of appreciative inquiry. In Cooperrider, D., Zandee, D., Godwin,L., Avital,M. and Boland, B. (eds.) *Organizational generativity* (*Volume 4 in Advances in Appreciative Inquiry*, 89-113) London, UK: Emerald.

Bushe, G.R. (2010) Being the container in dialogic OD. *Practicing Social Change*, 1:2, 10-15.

Bushe, G.R. (2009) *Clear leadership: Sustaining real collaboration and partnership at work*. Boston, MA: Davies-Black

Bushe, G.R. (1998) Appreciative inquiry with teams. *Organization Development Journal*, 16:3, 41-50.

Bushe, G.R., & Marshak, R.J. (2014) The dialogic mindset in organization development. *Research in Organizational Change and Development*, 22, 55-97.

Bushe G.R. & Nagaishi, M. (2018) Standing on the past to imagine the future: Organization development is not (just) about change. *Organization Development Journal*, 36:3, 23-36.

Bushe, G.R. & Paranjapey, N. (2015) Comparing the generativity of problem-solving versus appreciative inquiry: A field experiment. *Journal of Applied Behavioral Science*, 51:3, 309-335.

Bushe, G.R., & Storch, J. (2015) Generative image: Sourcing novelty. In G.R. Bushe & R.J. Marshak (eds.) *Dialogic organization development* (101- 122). Oakland, CA: Berrett-Koehler. 『対話型組織開発』

Churchman, C.W. (1967). Wicked problems. *Management Science*. 14:4, B141– B146.

Collins J., & Hansen, M.T. (2011) *Great by choice*. NYC: Harper Business. 『ビジョナリーカンパニー4』ジム・コリンズ、モートン・ハンセン著、牧野洋訳、日経ＢＰ、２０１２年

Conner, D.R. (1992) *Managing at the speed of change*. NYC, NY: Villard.

Corrigan, C. (2015) Hosting and holding containers. In G.R. Bushe & R.J. Marshak (eds.) *Dialogic organization development* (291-304). Oakland, CA: Berrett-Koehler. 『対話型組織開発』

Eaton, M. (2010) Why change programs fail. *Human Resource Management International Digest*, 18:2, 37-42.

Goppelt. J. & Ray K.W. (2015) Dialogic process consulting: Working live. In G.R. Bushe & R.J. Marshak (eds.) *Dialogic organization development* (371-390). Oakland, CA: Berrett-Koehler. 『対話型組織開発』

Hastings, B. & Schwarz, G. (2019) Diagnostic and dialogic organization development: Competitive or collaborative focuses of inquiry? In Guclu Atinc (Ed.), *Proceedings of the Seventy-ninth Annual Meeting of the Academy of Management*. Online ISSN: 2151-6561.

Heifetz, R.A. (1994) *Leadership without easy answers*. Cambridge, MA: Harvard University Press. 『リーダーシップとは何か!』ロナルド・A・ハイフェッツ著、幸田シャーミン訳、産業大学出版部、１９９６年

Holman, P. (2010) *Engaging emergence*. San Francisco, CA: Berrett-Koehler.

Holman, P., Devane, T. & Cady, S. (2007) *The change handbook*. San Francisco: Berrett-Koehler.

Johnson, B. (1992) *Polarity management*. NYC, NY: HRD Press.

Lippitt, R., Watson, J. & Westly, B. (1958) *The dynamics of planned change*. NYC, NY: Harcourt, Brace and World.『変革のダイナミックス』R・リピット、J・ワトソン、B・ウェストレー著、伊吹山太郎訳、ダイヤモンド社、１９７０年

Marshak, R.J. (2020) *Dialogic process consulting: Generative meaning-making in action*. North Vancouver, BC: BMI Books.

Marshak, R.J. and Bushe, G.R. (2018) Planned and generative change in organization development. *OD Practitioner*, 50:4, 9-15.

McKergow, M. & Bailey, H. (2014) *Host: Six new roles of engagement*. London, UK: Solution Books.

Owen, H. (2008) *Wave rider: Leadership for high performance in a self-organizing world*. San Francisco, CA: Berrett-Koehler.

Quinn, R.E. (1988) *Beyond rational management*. San Francisco: Jossey-Bass.

Roehrig, M., Schwendenwein, J., & Bushe, G.R. (2015) Amplifying change: A three-phase approach to model, nurture and embed ideas for change. In G.R. Bushe & R.J. Marshak (eds.) *Dialogic organization development* (325-348). Oakland, CA: Berrett-Koehler.『対話型組織開発』

Shaw, P. (2002) *Changing conversations in organizations*. NYC, NY: Routledge.

Smith, K.K., & Berg, D.N. (1987) *Paradoxes of group life*. San Francisco, CA: Jossey-Bass.

Snowden, D. J., & Boone, M. E. (2007) A leader's framework for decision making. *Harvard Business Review*, 85:11, 68-

76.

Stacey, R. (2010) *Complex responsive processes in organizations*. London, UK: Routledge.

Stacey, R. (2015) Understanding organizations as complex responsive processes of relating. In G.R. Bushe & R.J. Marshak (eds.) *Dialogic organization development* (151-175). Oakland, CA: Berrett-Koehler.『対話型組織開発』

Storch, J. (2015) Enabling change: The skills of dialogic OD. In G.R. Bushe & R.J. Marshak (eds.) *Dialogic organization development* (197-218). Oakland, CA: Berrett-Koehler.『対話型組織開発』

Thompson, J. (1967) *Organizations in action*. NYC, NY: McGraw-Hill.『行為する組織』J・D・トンプソン著、大月博司、廣田俊郎訳、同文館出版、２０１２年

Towers Watson (2013) Towers Watson change and communication ROI survey. Retrieved from https://www.towerswatson.com/en/ Press/2013/08/Only-One-Quarter-of-Employers-Are-Sustaining-Gains-From-Change-Management

Weisbord, M. & Janoff, S. (2007) *Don't just do something stand there! Ten principles for leading meetings that matter*. San Francisco, CA: Berret-Koehler.『会議のリーダーが知っておくべき10の原則』マーヴィン・ワイスボード、サンドラ・ジャノフ著、野津智子訳、英治出版、２０１２年

Zubizarreta, R. (2014) *From conflict to creative collaboration: A user's guide to dynamic facilitation*. Minneapolis, MN: Two Harbors Press.

実践 対話型組織開発　生成的変革のプロセス

発行日 ———— 2025年1月26日　第1刷

Author ———— ジャーヴィス・R・ブッシュ
Translator ——— 永石 信（監訳）
翻訳協力：株式会社トランネット／株式会社アドバンティジ・リンクス
Illustrator ——— 荒井雅美（トモエキコウ）
Book Designer — 竹内雄二

Publication ——— 株式会社ディスカヴァー・トゥエンティワン
〒102-0093　東京都千代田区平河町2-16-1 平河町森タワー11F
TEL　03-3237-8321（代表）03-3237-8345（営業）　FAX　03-3237-8323
https://d21.co.jp/

Publisher ——— 谷口奈緒美
Editor ———— 藤田浩芳

Store Sales Company
佐藤昌幸　蛯原昇　古矢薫　磯部隆　北野風生　松ノ下直輝　山田諭志　鈴木雄大　小山怜那　町田加奈子

Online Store Company
飯田智樹　庄司知世　杉田彰子　森谷真一　青木翔平　阿知波淳平　井筒浩　大﨑双葉　近江花渚　副島杏南
徳間凜太郎　廣内悠理　三輪真也　八木眸　古川菜津子　斎藤悠人　高原未来子　千葉潤子　藤井多穂子
金野美穂　松浦麻恵

Publishing Company
大山聡子　大竹朝子　藤田浩芳　三谷祐一　千葉正幸　中島俊平　伊東佑真　榎本明日香　大田原恵美　小石亜季
舘瑞恵　西川なつか　野﨑竜海　野中保奈美　野村美空　橋本莉奈　林秀樹　原典宏　牧野類　村尾純司　元木優子
安永姫菜　浅野目七重　厚見アレックス太郎　神日登美　小林亜由美　陳玟萱　波塚みなみ　林佳菜

Digital Solution Company
小野航平　馮東平　宇賀神実　津野主揮　林秀規

Headquarters
川島理　小関勝則　大星多聞　田中亜紀　山中麻吏　井上竜之介　奥田千晶　小田木もも　佐藤淳基　福永友紀
俵敬子　池田望　石橋佐知子　伊藤香　伊藤由美　鈴木洋子　福田章平　藤井かおり　丸山香織

Proofreader ——— 文字工房燦光
DTP ———— 有限会社マーリンクレイン
Printing ——— 中央精版印刷株式会社

ISBN978-4-7993-3104-0